MANFRED ROGNER

WASSER-
SCHILDKRÖTEN

KOSMOS

Ursprungstheorien für Schildkröten

Obwohl es viele fossile Schildkrötenfunde gibt, ist die Frage nach den Vorfahren der Schildkröten bis heute nicht ganz zufrieden stellend geklärt. Man muss sie vermutlich in der Nähe der Cotylosaurier vermuten, die den Ausgangspunkt für die Entwicklung der höheren Wirbeltiere (Reptilien, Vögel und Säugetiere) bildeten. Leider fehlt ein überzeugendes Bindeglied zwischen ihnen und den Schildkröten, sodass Wissenschaftler die unterschiedlichsten Theorien über die Entstehung der Schildkröten entwickeln konnten.

Einige Wissenschaftler sehen in dem kleinen afrikanischen *Eunotosaurus africanus* aus dem Oberen Perm (vor etwa 250 Mill. Jahren) einen Vorfahren der Schildkröten. Es besaß deutlich verbreiterte Rippen, die man als Beginn der Panzerbildung deutete. Das kleine Reptil fand man in der Karroo-Formation Südafrikas. Die dabei entwickelten Entstehungstheorien waren aber alle nicht schlüssig.

Einige weitere Wissenschaftler sahen in den *Stegocephalia* die Vorfahren der Schildkröten, da diese Uramphibien ähnliche Schädelformen wie Schildkröten besaßen.

Auch die *Placodontia* (Pflasterzahnsaurier) gerieten in den Verdacht, die Vorfahren der Testudinides zu sein. Vor allem die Vertreter der Gattungen *Placochelys* und *Henodus* mit ihren „Panzern" erinnerten entfernt an Meeresschildkröten. Die *Placochelys* lebten in den Urmeeren der Oberen Trias Ungarns, die *Henodus* kennt man aus dem Keuper von Tübingen. Beide Formen hatten aber nichts

mit den Vorfahren der Schildkröten zu tun. Lee, ein englischer Paläontologe, geht davon aus, dass die Pareiasaurier die Vorfahren der Schildkröten gewesen sein müssten. Diese Saurier erinnerten eher an größere Flusspferde, jedoch war ihr Körper mit kleinen Knochenplatten bedeckt. Bei der von Lee entwickelten Ahnenreihe nahm die Zahl der Verknöcherungen bei den Pareiasauriern im Laufe der Zeit immer mehr zu. So befand sich auf der Rückenlinie von *Bradysaurus* (vor 255 Mill. Jahren) nur eine schmale Reihe loser Platten. Bei *Anthodon*, die etwa sieben Millio-

Die heute lebenden Schildkröten können als lebende Fossilien bezeichnet werden.

nen Jahre später auftraten, bestand schon ein fast geschlossenes Plattenmosaik. Natürlich wird auch Lees Theorie nicht von allen Wissenschaftlern anerkannt.

Man unterscheidet zur Zeit anhand vorwiegend morphologischer Merkmale etwa 300 verschiedene Schildkrötenarten. Von Laien werden diese lebenden Fossilien häufig je nach Lebensweise einfach in Land-, Sumpf- und Wasserschildkröten unterschieden. Aber ganz so einfach ist es nicht. Während die so genannten „Landschildkröten" alle in einer Familie zusammengefasst sind (Familie Testudinidae), können Schildkröten, die in und an den verschiedensten Gewässern leben, sehr unterschiedlichen Familien angehören. Um es etwas deutlicher zu machen, möchte ich gerne erst einmal ganz kurz auf die Systematik der Schildkröten eingehen:

Die Fransenschildkröte gehört zu den Halswendern.

Systematik der Schildkröten

Von Halswendern und Halsbergern

Schildkröten gehören zur Tierklasse der Reptilien und darin zur Ordnung Testudines. Diese besteht aus zwei verschiedenen Unterordnungen, den Halswendern (Pleurodira) und den Halsbergern (Cryptodira). In diesen Unterordnungen werden die Schildkröten aufgrund morphologischer Unterschiede zu Schildkröten-Familien zusammengefasst. Innerhalb der Halswender-Gruppe unterscheidet man nur zwei Familien, die: *Chelidae* (Schlangenhalsschildkröten) und die *Pelomedusidae* (Pelomedusenschildkröten).

Die formenreichere Gruppe der Halsberger beinhaltet die Familien:
Carettochelyidae (Carettschildkröten),
Cheloniidae (Meeresschildkröten),
Chelydridiae (Alligatorschildkröten),
Dermatemydidae (Tabascoschildkröten),
Dermochelyidae (Lederschildkröten),
Emydidae (Sumpfschildkröten),
Kinosternidae (Schlammschildkröten, Klappschildkröten),
Platysternidae (Großkopfschildkröten),
Testudinidae (Landschildkröten) und
Trionychidae (Weichschildkröten).

Diamantschildkröten gehören zu den Halsbergern.

Wie bereits erwähnt, sind alle Vertreter der Familie Testudinidae reine Landbewohner, denen in dieser Reihe ein eigenes Buch gewidmet wurde! Die Vertreter der Familie *Cheloniidae*, die Meeresschildkröten, sind Bewohner der Weltmeere. Aus allen übrigen Schildkröten-Familien kennen wir Arten, deren Lebensräume die unterschiedlichsten Feuchtgebiete sind, von Sumpfgebieten und Mooren bis hin zu Flüssen und Seen. Damit wurde die Mehrzahl der Schildkröten im Laufe ihrer Evolution zu „Gewässerbewohnern". Sie werden deshalb häufig ganz allgemein als „Wasserschildkröten" bezeichnet! Dies ist jedoch kein wissenschaftlicher Begriff.

Körperbau und Biologie

Alle Schildkröten besitzen als typisches Merkmal einen Panzer, dessen Rücken- und Bauchschilder jedoch recht unterschiedlich ausgebildet sein können. Und bei den so genannten Weichschildkröten findet man an Stelle der Hornschilder eine lederartige derbe Haut. Zur Bestimmung der einzelnen Schildkröten ist es daher unter anderem unbedingt notwendig, auf die Lage der einzelnen Hornschilder zu achten. Erst dann kann man auch die Familie, Art oder sogar die Gattung bestimmen.

A. Rückenpanzer (Carapax)
1. Nackenschild (Praecentrale)
2. Randschild (Marginalia)
3. Wirbelschilder (Centralia)
4. Rippenschilder (Lateralia)
5. Schwanzschilder (Postcentralia)

B. Brustpanzer (Plastron)
1. Kehlschilder (Gularia)
2. Armschilder (Humeralia)
3. Achselschilder (Axillaria)
4. Brustschilder (Pectoralia)
5. Bauchschilder (Abdominalia)
6. Schenkelschilder (Femoralia)
7. Afterschilder (Analia)

Skelett und Panzer

Bei den meisten Schildkröten umschließt der Panzer den gesamten Körper. Er besteht aus zwei Teilen (👁 Abb. oben), dem Rückenpanzer (der Carapax) und dem Bauchpanzer (das Plastron). An den Seiten werden diese beiden durch die so genannte „Brücke" miteinander verbunden. Aus der vorderen Panzeröffnung zwischen Bauch- und Rückenpanzer ragen Hals und Kopf sowie die Vorderbeine heraus. Aus den hinteren Öffnungen ragen der Schwanz und die Hinterbeine. Die Wirbelsäule der Schildkröten ist fest mit dem Rückenpanzer verwachsen.

Entfernt man bei einer Schildkröte die äußeren Hornschilder, erkennt man, dass Rücken- als auch Bauchpanzer aus einer Schicht regelmäßig angeordneter Knochenplatten bestehen. Diese setzen sich aus den verbrei-

terten Dornfortsätzen der Wirbelsäule, den Rippen und Teilen des Schultergürtels zusammen. Bei den Weichschildkröten werden die Hornschilder durch eine derbe Haut ersetzt, jedoch sind auch bei ihnen darunter Knochenplatten vorhanden. Zwischen den Hornschildern und den Knochenplatten befindet sich eine dünne „Epidermisschicht", das heißt, sie ist mit Blutgefäßen und Nerven ausgestattet und dementsprechend empfindlich. Diese Epidermis versorgt sowohl die Knochen- als auch Hornplatten. An den Nähten zwischen den einzelnen Schildern lagert sich dabei Knochen- bzw. Hornsubstanz an. Dieser Zuwachs ist deutlich an den „Zuwachsringen" erkennbar.

Die meisten Halsberger verschließen die vorhandenen Panzeröffnungen nach dem Einziehen des Kopfes, der Gliedmaßen und des

Auf den ersten Blick kann man Männchen oder Weibchen nicht erkennen.

Schwanzes mit der Außenseite der Gliedmaßen. Halswender legen ihren Kopf durch eine seitliche, horizontale S-förmige Krümmung der Halswirbel dicht an den Panzer. Bei einigen Schildkröten, wie z.B. Klapp- und Dosenschildkröten, hat der Bauchpanzer ein Scharnier ausgebildet, durch das die Tiere in der Lage sind, die beweglichen Bauchpanzer-Teile an den Körper zu ziehen. Dadurch können sie den Panzer völlig verschließen.

Äußere Geschlechtsmerkmale

Während man bei Jungtieren und Halbwüchsigen meist nicht erkennen kann, ob man ein Männchen oder Weibchen vor sich hat, ist dies bei geschlechtsreifen Exemplaren gewöhnlich relativ einfach. Denn bei den meisten Arten werden die Weibchen häufig etwas bis deutlich größer als die Männchen. Außerdem ist der Bauchpanzer bei Weibchen meist breiter, glatt oder auch etwas konvex nach außen gewölbt. Bei den Männchen ist er oft schmaler und häufig konkav eingedellt. Das jedoch deutlichste Merkmal ist der Schwanz, wenn man etwa gleich große Tiere

beider Geschlechter miteinander vergleicht. Denn bei den Männchen ist er an der Basis wesentlich breiter und insgesamt länger. In ihm ist nämlich der ausstülpbare Penis gelagert. Außerdem befindet sich – im Vergleich – bei den Männchen die Kloakenöffnung in einem weiteren Abstand vom Hinterrand des Bauchpanzers als bei den Weibchen. Schließlich besitzen bei einigen amerikanischen Höcker- und Schmuckschildkröten-Arten die Männchen auch verlängerte Vorderkrallen. Dabei können die Krallen doppelt so lang wie die der Weibchen sein. Die langen Krallen spielen bei der Werbung um eine Partnerin eine wichtige Rolle.

Atmung

Insbesondere bei „Sumpf- und Wasserschildkröten" haben die Lungen neben der Atemfunktion eine weitere Bedeutung. Allgemein kann bei Schildkröten der Gasaustausch in den Lungen nicht durch Volumenveränderungen des Brustkorbes erfolgen, da ihre Rippen mit dem Panzer verwachsen sind. Die verbrauchte Luft muss deshalb durch Lungen-

Diese Schmuckschildkröte sucht zwischen Pflanzen Schutz vor Feinden.

muskeln aktiv aus den Lungen gedrückt werden. Erschlaffen die Muskeln, strömt beim Entfalten der Lungenflügel wieder frische Luft hinein. Der Atemvorgang ist gewöhnlich geräuschlos!

Bei den wasserbewohnenden Arten funktionieren die Lungen auch als „Schwimmblase". So können bestimmte Lungenbereiche willkürlich erweitert und dabei mit Luft gefüllt, andere verengt werden. Mit Hilfe ihrer Lungen kann eine „Wasserschildkröte" im Wasser die Körperlage verändern. Tauchen diese Schildkröten ab, stoßen sie oft Luft aus, die als deutliche Luftblasen an die Wasseroberfläche steigen.

Haben Sumpf- und Wasserschildkröten eine Lungenentzündung oder sonstige Atemwegserkrankung, liegen sie oft schräg im Wasser und können nicht mehr, oder nur sehr schlecht tauchen. Dabei werden sie immer wieder wie eine Boje an die Wasseroberfläche gezogen.

Sinnesleistungen

Bei Schildkröten sind die Augen und Nase wohl die aktivsten Sinnesorgane. Auch Erschütterungen nehmen sie recht gut wahr. Ihr Hörvermögen ist jedoch nicht sonderlich gut ausgebildet.

Die Augen der Schildkröten reagieren insbesondere auf bewegte Reize. Selbst sich bewegende Schatten lösen bereits bei den Schild-

Neugierig nähert sich die Schildkröte dem Pfleger.

anders reagieren: Erscheint ihr „Pfleger" in ihrem Gesichtsfeld, stürzen sie sich in das Wasser, schwimmen in seine Richtung und paddeln aufgeregt vor der Scheibe: Sie erwarten nun, dass es etwas zu fressen gibt! Obwohl sie Fressbares aber auch Artgenossen oder sogar mögliche Partner zuerst einmal mit den Augen erkennen, werden sie letztendlich entscheidend von ihrer Nase unterstützt. Ihr Geruchssinn ist sehr weit entwickelt und funktioniert auch unter Wasser noch gut!

Lebensweise

Die in diesem Buch behandelten Schildkröten sind allesamt mehr oder weniger Bewohner von Gewässern, leben am Rand oder in der näheren Umgebung von Gewässern. Dabei suchen die mehr im Uferbereich lebenden Arten nur ab und zu flache Wasserstellen auf. Die Palette der von Schildkröten besiedelten Gewässer reicht von Tümpeln und Teichen, größeren Viehtränken, Sumpf- und Moorgebieten, Reisfeldern bis hin zu fließenden Gewässern, wie Bächen und Flüssen. Vor allem Jungtiere besiedeln oft kleinere Tümpel mit vielen Versteckmöglichkeiten, in denen sie Nachstellungen größerer Artgenossen entgehen.

In trüben Gewässern mit vielen Schwebstoffen fühlen sich Sumpf- und Wasserschildkröten offenbar sicherer als in glasklaren Gewässern. Sie kommen sogar in Abwassergräben und -kanälen vor und ernähren sich dort manchmal fast ausschließlich von Schnecken. Vor allem Diamantschildkröten *(Malaclemys terrapin)* leben häufig in Mündungsbereichen von Flüssen und sind deshalb sogar Brackwasser gegenüber recht tolerant.

kröten die Schreck- und Fluchtreaktion aus. Wild lebende „Wasserschildkröten", die auf einem Stein oder Baumstumpf beim Sonnenbad gestört werden, ziehen in der Regel schnell den Kopf ein und lassen sich einfach in das Wasser fallen. Befinden sie sich etwas vom Gewässerrand entfernt, laufen sie schnell zum Gewässer, um darin abzutauchen. Ihre Flucht richtet sich nie vom Gewässer weg! An den Menschen gewöhnte Sumpf- und Wasserschildkröten können aber völlig

Verhalten

Temperaturen und Aktivitäten

Wie alle anderen Reptilien sind auch Schildkröten stets von den Außentemperaturen
abhängig: Ihre Aktivitäten, einschließlich Verdauung, aber auch die Winterstarre etc. stehen in direkter Beziehung zu den jeweils
herrschenden Umgebungstemperaturen.
Dabei ist jedoch ihre Körpertemperatur nicht
unbedingt mit der Umgebungstemperatur
identisch, denn die Körpertemperatur ist
gewöhnlich etwas höher. Entscheidend für
ihre Körperwärme ist zum einen die Möglichkeit, sich der Sonneneinstrahlung auszusetzen (Sonnenbaden), demgegenüber aber
auch ihre Aufenthaltsdauer im Gewässer. Je
länger die Schildkröten am Grund eines
kühlen Gewässers verbringen, um so mehr
sinken ihre Körpertemperatur, und im

Zusammenhang damit auch die Kreislaufak-
tivitäten und der Sauerstoffbedarf. Beim
Erreichen einer bestimmten Temperaturgren-
ze fallen die Schildkröten in eine Kältestarre.
So überdauern z.B. Arten aus den gemäßigten Klimabereichen die kalte Jahreszeit.
Dabei darf die Körpertemperatur jedoch nicht
unter eine bestimmte Temperatur fallen, da
sonst der Tod eintritt.
Für die meisten Sumpf- und Wasserschildkröten liegt die optimale Körpertemperatur bei
30–33 °C. Steigt die Körpertemperatur auf
über 40 °C, führt dies ebenfalls zum sicheren
Tod der Tiere.

Sonnenbaden

Um ihre Körpertemperatur zu erhöhen, müssen Sumpf- und Wasserschildkröten Sonnen-

Beim Sonnenbaden strecken Wasserschildkröten ihre Hinterbeine wie Sonnensegel aus.

bäder nehmen. Dabei verlassen sie nicht immer sofort das schutzbietende Gewässer, sondern treiben häufig zeitweise einfach nur an der Wasseroberfläche (aquatiles Sonnenbaden). Die meisten Arten bemühen sich jedoch, das Wasser an einer ruhigen, windgeschützten Stelle irgendwann zu verlassen und sich ausgiebig den Sonnenstrahlen auszusetzen. Häufig klettern sie auch schon einmal übereinander, um einen besonders guten Platz zu erwischen. Gleichzeitig nehmen die Schildkröten oft eine leicht schräge Körperhaltung an. Dadurch wird eine gute Position zu den Wärmestrahlen der Sonne erreicht. Zudem strecken sie dabei den Kopf und die Gliedmaßen weit aus dem Panzer. Die Zehen der Hinterbeine werden weit gespreizt, sodass die Schwimmhäute dazwischen ein „Sonnensegel" bilden.

Sonnenbäder haben auch eine hygienische Funktion. Denn dabei trocknen die Tiere einmal völlig ab und mit Hilfe der UV-Strahlen der Sonne werden die an den Weichteilen und auf dem Panzer haftenden Mikroorganismen abgetötet. Sumpf- und Wasserschildkröten mit Hautverletzungen sonnen sich deshalb auch häufiger als gesunde. Sie versuchen, auf diese Weise zu verhindern, dass Krankheitserreger über die Verletzungen in den Organismus gelangen. Zwischen Hornschildern und Knochenplatten können solche Erreger Herde (Nekrosen) bilden. Solche Nekrosen sehen aus, als hätte jemand am Panzer, vor allem am Bauchpanzer, geknabbert.

Das UV-Licht hat für die Schildkröten aber auch eine weitere wichtige Bedeutung. In der Haut befindet sich ein Provitamin, aus dem erst mit Hilfe von UV-Licht Vitamin D gebildet werden kann!

Geierschildkröten haben an ihrer Zunge wurmähnliche, bewegliche Fortsätze.

Ernährung

Im Gegensatz zu Landschildkröten ernähren sich Sumpf- und Wasserschildkröten gewöhnlich ausschließlich, manchmal auch vorwiegend von tierischer Kost.

Während junge Sumpf- und Wasserschildkröten sich in der Natur hauptsächlich von kleinen Würmern und Schnecken, Kleinkrebsen, Insektenlarven aber auch hin und wieder von Froschlarven (Kaulquappen) und Fischlaich ernähren, können größere Exemplare auch die Gehäuse größerer Schnecken aufbrechen und wesentlich größere Nahrung vertilgen. Schnappschildkröten (Chelydra serpentina) verhalten sich im Wasser ruhig und stoßen – sobald sich Beute vor ihrem Maul befindet – blitzschnell mit geöffnetem Maul zu. Ähnlich verhalten sich die Klappschildkröten (Kinosternon, Staurotypus). Dabei hilft ihr Hakenschnabel, die Beute (z.B. Fische) festzuhalten. Auch die Fransenschildkröte (Chelus fimbriata) lauert am flachen Gewässergrund

Wasserschnecken gehören zum Beutespektrum vieler Wasserschildkröten.

dem angeblichen Wurm schnappt, schließt die Geierschildkröte schnell ihr Maul und der Fisch wird nun selbst erbeutet.
Die meisten übrigen „Wasserschildkröten" suchen aktiv nach Beute und schnappen danach. Auch bei ihnen wird die Beute ins Maul gesogen. Anschließend schlucken sie diese hinunter oder reißen Stücke heraus, die sie dann hinunterschlucken. Beim Reißen nehmen sie die Krallen an den Vorderbeinen Zuhilfe und stemmen sich damit ab.
Wie bereits erwähnt, nehmen aber auch einige Arten Pflanzenkost zu sich. Und einige Sumpf- und Wasserschildkröten konnte man dabei beobachten wie sie Fäkalien und auch Aas fraßen.

Fortpflanzung

Viele Sumpf- und Wasserschildkröten werden in der Natur in einem Alter von 7 bis 10 Jahren geschlechtsreif. Die Geschlechtsreife wird bei tropischen Arten wesentlich schneller erreicht als bei Arten der gemäßigten Klimate. Denn während der Zeit der Winterstarre wird das Wachstum unterbrochen, bzw. sehr stark verzögert. Sobald bei den Männchen Balzverhalten zu beobachten ist, kann man von ihrer Geschlechtsreife ausgehen. Dies gilt auch für Weibchen, die von Männchen heftig angebalzt werden.
Obwohl in den Tropen und Subtropen die Temperaturen fast immer in etwa gleich bleibend sind, gibt es auch dort „Jahreszeiten", die man als Trockenzeiten und Regenzeiten bezeichnet. In den gemäßigten Breiten zeichnen sich die Jahreszeiten vor allem durch die klimatischen Unterschiede aus.

ruhig auf Beute. Kommt ein Fisch in ihre Nähe, hebt die Schildkröte unendlich langsam den Kopf. Ist der Fisch nur wenige Zentimeter entfernt, reißt sie das Maul auf und bläht den Hals weit auf, worauf der Fisch mit dem Sog in das Maul gesogen wird. Kurz darauf stößt die Schildkröte das überschüssige Wasser aus und schluckt den Fisch hinunter. Die Geierschildkröte *(Macroclemmys temminckii)* lauert ebenfalls ihrer Beute auf. In ihrem dabei weit geöffneten Rachen bewegt sich ein wurmförmiger weißer, grauer oder rötlicher Zungenfortsatz, durch den Fische angelockt werden. Sobald der Fisch nach

In Anpassung an die klimatischen Gegebenheiten geraten die „Wasserschildkröten" zu bestimmten Zeiten in Fortpflanzungsstimmung. Dies ist in den gemäßigten Breiten z.B. nach der Winterruhe der Fall. Nun suchen die Männchen besonders aktiv nach einer Partnerin. Begegnen sie einer möglichen Partnerin, wird diese meist erst einmal ausgiebig beschnuppert, denn paarungsbereite Weibchen scheiden offenbar bestimmte chemische Stoffe aus, die dies den Männchen signalisieren. Es ist aber auch durchaus zu beobachten, dass die Männchen im Wasser einfach ein Weibchen besteigen und sich mit ihm paaren wollen.

Um eine Bereitschaft des Weibchens zu erfahren, zeigen viele Arten jedoch vor der eigentlichen Paarung ein ausgeprägtes Balzverhalten. Vor allem bei der Haltung amerikanischer Schmuckschildkröten (*Chrysemys, Pseudemys*) ist dies sehr häufig zu beobachten. Dabei setzen die Männchen einiger Arten ihre sehr ausgeprägten Krallen an den Vorderbeinen ein. Mit ihnen führen sie entweder vor den Weibchen schwimmend zitternde Bewegungen vor deren Kopf aus, *(z.B. Trachemys decorata, Trachemys scripta elegans)* oder schwimmen über dem Weibchen und wedeln mit den Krallen über deren Kopf *(z.B. Pseudemys floridana)*.

Vor der Paarung klettert das Männchen im Wasser – wie bereits erwähnt – auf den Panzer des Weibchens und hält sich mit den Krallen an dessen Panzerrand fest. Um das Weibchen dazu zu bewegen, den Kopf einzuziehen und dafür die Kloakenregion weiter aus dem schützenden Panzer zu drücken, zeigen einige Arten über dem Kopf des Weibchens ritualisierte Beißbewegungen. Es gibt aber auch rabiate Männchen, die tatsächlich

Europäische Sumpfschildkröten vor der Paarung.

gegen die Kopfoberseite und den Nackenbereich des Weibchens Beißbewegungen ausführen, sodass es zu blutenden Wunden kommen kann.

Zur Paarung führt das Männchen den sonst in seinem Schwanz verborgenen Penis in die Kloake des Weibchens ein. Nach der Besamung ist das Weibchen in der Lage, das Sperma längere Zeit zu speichern und auch wesentlich später zur Befruchtung der Eier zu verwenden (Manche Weibchen können das Sperma sogar über Jahre speichern!). Zur Eiablage verlassen die Weibchen das Wasser und suchen meist in Gewässernähe einen Hangbereich mit grabfähigem Boden zur Eiablage aus. Hier gräbt das Weibchen mit den Hinterbeinen eine meist flaschenförmige Nistgrube, in die sie die Eier legt. Anschlie-

Junge Mauremys leprosa **verlassen ihre Nisthöhle.**

ßend wird die Nisthöhlenöffnung sorgfältig wieder zugescharrt und die Oberfläche mit dem Panzer geglättet.

Durch die Wahl der Hanglage kann selbst bei heftigen Niederschlägen das Oberflächenwasser abfließen und gefährdet somit nicht das Gelege.

Je nach Temperatur und Feuchtigkeit, aber auch genetisch bedingt, entwickeln sich die Jungtiere in den Eiern in einem bestimmten Zeitraum. Bei höheren Temperaturen schnell, bei niedrigeren Temperaturen langsamer. Dabei dürfen jedoch bestimmte Minimal- und Maximaltemperaturen nicht über-, bzw. unterschritten werden. Denn sonst stirbt der Embryo im Ei ab. Häufig wird in der Trockenzeit der Boden, in dem sich das Gelege befindet, knochentrocken, so dass er nach dem Schlüpfen nicht von den Jungtieren verlassen werden kann. Dann müssen sie oft so lange in der Nisthöhle überdauern, bis einsetzende Niederschläge den Boden aufgeweicht haben. Dann klettern die Schlüpflinge an die Oberfläche und suchen das Gewässer auf. Mit viel Glück erreichen einige von ihnen selbst einmal die Geschlechtsreife und sie können zur Arterhaltung schreiten. Die meisten aber fallen natürlichen Feinden zum Opfer, zu denen selbst größere Vögel gehören können.

Lebensraumtypen

Im und am Wasser lebende Schildkröten kön-
nen zwar sehr unterschiedliche Lebensräume
besiedeln. Diese lassen sich jedoch auf drei
unterschiedliche Lebensraum-Typen vereinfa-
chen. Dabei kommt es in erster Linie darauf an,
deutlich zu machen, welche Ansprüche erfüllt
sein müssen, wenn man diese Schildkröten in
einem Terrarium halten möchte!

Flachwasser-Bewohner

Hierzu gehören Arten, die sehr stark an
Gewässer gebunden sind und den Landteil
fast nur zur Eiablage aufsuchen oder auf der
Suche nach anderen Gewässern. Unter ihnen
befinden sich viele als Einzelgänger lebende
Arten, die oft erst nachts aktiv werden und
vorwiegend am Grund des Gewässers auf
Beutetiere lauern. Sie verzehren ausschließlich tierische Kost und verstecken sich tagsüber gerne, z.B. unter Wurzeln oder in kleinen
Höhlen. Diese Schildkrötenarten sind – bis
auf die Fransenschildkröte – sehr aggressiv
und bissig und dulden außerhalb der Fortpflanzungszeit oft keine Artgenossen in der
Nähe.

Wer zuerst kommt, „sonnt" sich zuerst.

Fluss- und Seeuferbewohner

Zu dieser Gruppe gehören Schildkröten, die
sehr an Gewässer gebunden leben, aber zum
Sonnenbaden und Trocknen regelmäßig das
Wasser verlassen. Sie bevorzugen ruhige, tie-
fere Gewässer. Die meisten Arten leben in
größeren Gruppen. Sie verzehren vorwiegend
tierische Kost, einzelne Arten auch Pflanzenteile. Da sie sehr gut schwimmen und tauchen können, kommen sie auch an recht tie-
fen Gewässerstellen vor. Oft bilden sie beim
Sonnenbaden in unmittelbarer Gewässernähe eine größere Gemeinschaft. Ausnah-
men bilden Weichschildkröten, die mehr ein-
zelgängerisch leben und am Gewässergrund
eine Schlammschicht, besser Sandschicht
bevorzugen, in die sie sich nicht nur bei
Gefahr gerne zurückziehen. Darin scheuern
sie auch ihren Panzer und befreien ihn
dadurch von Algen und Ähnlichem. Bei
Gefahr lassen sich die Schildkröten dieser
Gruppe einfach in das Gewässer fallen.

Auch Reisfelder gehören zu den Lebensräumen von Wasser-schildkröten.

INFO

Wo bekommt man Wasserschildkröten?

▶ In den Reptilienabteilungen größerer Zoofachgeschäfte.

▶ Direkt beim Züchter. Züchteradressen erhalten Sie auf Anfrage bei der Deutschen Gesellschaft für Herpetologie und Terrarienkunde e.V. DGHT (⊚ Serviceteil). Dort erhält man als Mitglied auch das Anzeigen-Journal, in dem auch immer diverse tropische Wasserschildkröten angeboten werden.

Beim Kauf beachten

▶ Im Kapitel Gesundheit (⊚ S. 80) finden Sie eine Checkliste „Ist die Wasserschildkröte gesund?". Nach dieser Checkliste können Sie sich auch beim Kauf einer Wasserschildkröte richten.

▶ Beobachten Sie die Tiere beim Kauf sehr kritisch. Auch wenn die Zeichen für ein gesundes Tier sprechen, ist dies noch immer keine Garantie!

Aufbau der Monografien

Auf den folgenden Seiten werden 50 „Sumpf- und Wasserschildkröten"-Arten vorgestellt. Dabei wird neben der deutschen auch die wissenschaftliche Bezeichnung genannt. Daran schließt der Name des Erstbeschreibers sowie die Jahreszahl der Erstbeschreibung (Veröffentlichung) an. Anschließend folgt ein Hinweis, welcher Schildkröten-Familie sie angehört. Die Arten sind in alphabetischer Reihenfolge (wissenschaftliche Namen) aufgeführt.

Bei jeder vorgestellten Art finden Sie bei dem Stichwort **GRÖSSE** die maximale Panzerlänge eines erwachsenen Exemplares. Meist ist die Panzerlänge des Weibchens angegeben, da Männchen gewöhnlich etwas oder sogar deutlich kleiner bleiben.

Unter **VERBREITUNG** wird der grobe Verbreitungsraum angegeben. Eine genauere **BESCHREIBUNG** erübrigt sich bereits durch die ausgewählten Fotos. Sie bezieht sich auf die wesentlichen Merkmale der Art. Welche

Im Uferbereich tropischer Gewässer leben häufig auch Wasserschildkröten.

LEBENSRÄUME bevorzugt werden, ist dem Hinweis auf den Lebensraum-Typ zu entnehmen. Daraus ergibt sich auch das für sie erforderliche **TERRARIUM**. Bei der Beschreibung der Terrarientypen erfährt man auch, wie groß der Behälter und wie hoch der Wasserstand sein muss. Die **WASSERHÖHE** richtet sich nach der Lebensweise der Art und wird aus der Panzerbreite und einer vorgegebenen

Zahl errechnet. Dabei handelt es sich um Mindestmaße, das heißt, bei sehr schwimmfreudigen Arten kann der Wasserstand auch noch deutlich tiefer sein. Bei der **ERNÄHRUNG** unterscheidet man animalische (tierische) und vegetarische (pflanzliche) Nahrung. Wird beides gefressen, erscheint das Wort „alles" (Allesfresser). Einige Hinweise zur **ZUCHT** (Winterruhe, Gelegegrößen, Inkubationsdauer) ergänzen die Monografie.

Ansonsten genügen für alle hier erwähnten Arten Wasser- und Lufttemperaturen zwischen 23 und 26 °C. Dabei muss die Lufttemperatur immer etwas höher als die Wassertemperatur sein. Dies wird durch Wärmestrahler erreicht.

Florida-Weichschildkröte
Apalone ferox (SCHNEIDER, 1738)
Trionychidae

GRÖSSE 20–50 cm.

VERBREITUNG Östliche USA.

BESCHREIBUNG Rückenpanzer im Alter fast einfarbig braun, die bei noch Jungtieren erkennbaren großen dunklen Flecken sind nur noch angedeutet oder fehlen. Jungtiere heller gefärbt. Bauchpanzer hellgrau. Kopf dunkel und mit hellen Linien und Punkten versehen. Männchen bleiben kleiner.

LEBENSRAUM Seen, Teiche, Kanäle und Gräben sowie ruhige Fließgewässer mit schlammigem, sandigem Untergrund.

TERRARIUM Flussufer.

WASSERHÖHE PB x 2; **ERNÄHRUNG** Animalisch. Die Art ist sehr bissig und sonnt sich vorwiegend an der Wasseroberfläche! Beim Handtieren mit ausgewachsenen Exemplaren sollte man sie entweder mit Handschuhen oder geschickt im hinteren Körperbereich festhalten.

ZUCHT Gelege können 4–22 Eier umfassen, aus denen bei 25–30 °C nach etwa 9 Wochen die Jungtiere schlüpfen.

Neuguinea- oder Papua-Weich-schildkröte
Carettochelys insculpta
(RAMSAY, 1887)
Carettochelyidae

GRÖSSE Bis 70 cm.

VERBREITUNG S-Neuguinea und N-Australien).

BESCHREIBUNG Erinnern sehr stark an Weichschildkröten. Besitzen fast flossenartige Vorder- und Hinterbeine mit nur zwei freien Krallen. Haben einen markanten „Rüssel". Unterseite von Hals, Gliedmaßen und Bauch gelblich/rötlich weiß.

LEBENSRAUM Flüsse, auch in deren Mündungsbereichen. Werden in Trockenzeiten manchmal in Lagunen und größeren Wasseransammlungen isoliert. Können auf zu engem Raum untereinander recht bissig sein.

TERRARIUM Flussufer-Terrarium, Landteil nur zur Eiablage erforderlich.

WASSERHÖHE PB x 2; **ERNÄHRUNG** Alles.

ZUCHT Unbekannt.

Fransenschildkröte oder Matamata
Chelus fimbriata
(SCHNEIDER, 1783)
Chelidae

GRÖSSE Bis über 40 cm.
VERBREITUNG N- und Z-Südamerika.
BESCHREIBUNG Der Rückenpanzer besitzt 3 kräftige Kiele. Die Schilder sind am Rand etwas aufgewölbt und haben strahlenförmige Furchungen. Ihr Schädel ist flach, dreieckig und seitlich mit fadenförmigen bis lappigen Hautfransen ausgestattet, ebenso der Hals. Die Augen sind winzig. Ihre Nase besitzt einen schnorchelartigen Fortsatz, das Maul ist sehr breit. Die Tiere sind rötlich braun, braun bis grau gefärbt.
LEBENSRAUM Flachwasserbereiche in vegetationsreichen Gewässern.
TERRARIUM Flachwasser.
WASSERHÖHE PB x 2; **ERNÄHRUNG** Ausschließlich Fisch.
ZUCHT Weibchen legen meist 10–13, selten bis 28 Eier. Bei 25–32 °C dauert die Entwicklung 176–202 Tage.

Glattrücken-Schlangenhalsschildkröte
Chelodina longicollis (SHAW, 1802)
Chelidae

GRÖSSE 20–27,5 cm.
VERBREITUNG Australien (Süd-Aaustralien bis Ost-Queensland).
BESCHREIBUNG Der gelbbraune bis fast schwarze Rückenpanzer ist flach. Bauchpanzer gelblich braun, an den Schildnähten mit dunklen Linien. Ihr Kopf ist klein, der Hals fast so lang wie der Panzer und auf der Oberseite sehr rau. Weichteile gelbbraun. Männchen bleiben kleiner und haben einen schwach konkav geformten Bauchpanzer.
LEBENSRAUM Flussläufe und tote Flussarme, vor allem aber in Sümpfen.
TERRARIUM Flussufer.
WASSERHÖHE PB x 2; **ERNÄHRUNG** Vorwiegend animalisch.
ZUCHT Nach der Winterruhe (4–6 Wochen bei 10–15 °C) kann man mit Paarungen rechnen. Weibchen legen 8–24 Eier, aus denen bei 28–30 °C nach 65–78 Tagen die Jungtiere schlüpfen.

Schnappschildkröte
Chelydra serpentina
(LINNAEUS, 1758)
Chelydridae

GRÖSSE Bis 50 cm. Männchen können größer als Weibchen werden!

VERBREITUNG Süd-Kanada bis Südwest-Ecuador.

BESCHREIBUNG Rückenpanzer stark gezackt, bräunlich bis schwarz, mit grob gesägtem Hinterrand; im Jugendstadium 3 Längskiele. Bauchpanzer auffällig klein, gelblich weiß und kreuzförmig. Kopf groß, mit hakenförmigem Schnabel. Schwanz bei Jungtieren so lang wie der Rückenpanzer und auf der Oberseite mit groben Hornzacken. Weichteile ebenfalls bräunlich bis schwarz.

LEBENSRAUM Typ 1. Die Art bewohnt Seen, Teiche, Tümpel und langsam fließende Gewässer. Mit einer Panzerlänge von etwa 20 cm werden die Schildkröten geschlechtsreif.

TERRARIUM Flachwasser.

WASSERHÖHE PB x 2; **ERNÄHRUNG** Animalisch.

ZUCHT Aus Nordamerika stammende Exemplare sollten 8–16 Wochen überwintern. Ein Gelege umfasst 25–30 Eier. Bei Temperaturen zwischen 25 und 30 °C schlüpfen die Jungtiere nach 70–80 Tagen, bei niedrigeren Temperaturen dauert die Entwicklung länger.

Chinesische Dreikielschildkröte
Chinemys revesii (GRAY, 1831)
Emydidae

GRÖSSE 15–18 cm (selten bis 25 cm).

VERBREITUNG Mittel- und Südost-China, Korea, Japan.

BESCHREIBUNG Bräunlicher bis fast schwarzer Rückenpanzer mit 3 Kielen. Bauchpanzer schwarz oder Nähte hell abgesetzt. Hinter dem Auge findet man 2–3 Schnörkellinien, die am Hals weiterführende helle Punkt- und Strichreihen bilden. Vorderfüße mit 5, Hinterfüße mit 4 Zehen.

LEBENSRAUM Flüsse, Seen, pflanzenreiche Tümpel, Teiche und Gräben werden bevorzugt. Die genügsamen Schildkröten sind aber auch in Reisfeldern oder Viehtränken zu finden.

TERRARIUM Flachwasser.

WASSERHÖHE PB x 2; **ERNÄHRUNG** Animalisch.

ZUCHT Winterruhe 6–8 Wochen. Die Weibchen legen pro Gelege 2–6 walzenförmige Eier. Bei 28–30 °C dauert es bis zum Schlupf der Jungen 63–70 Tage. Bei guter Ernährung können die Weibchen im Abstand von 4–6 Wochen nach dem ersten Gelege 1–2 weitere produzieren.

Zierschildkröte
Chrysemys picta
(SCHNEIDER, 1789)
Emydidae

GRÖSSE Bis 18 cm.
VERBREITUNG Süd-Kanada, Ost-USA.
BESCHREIBUNG Rückenpanzer glatt, oben dunkelbraun. Randschilder oben und unten rötlich gefleckt. Rippen- und Wirbelschilder bilden regelmäßige Querreihen und haben am Vorderrand helle Streifen. Bauchpanzer gelb. Kopf, Hals, Beine und Schwanz mit typischer rötlicher/gelblicher Linien- und Fleckenzeichnung. Männchen haben längere Vorderkrallen. Man unterscheidet 4 Unterarten!
LEBENSRAUM Typ 2. Zierschildkröten bevorzugen stehende und langsam fließende Gewässer mit dichter Vegetation.
TERRARIUM Flussufer.
WASSERHÖHE PB x 2; **ERNÄHRUNG** Vorwiegend animalisch.
ZUCHT Es ist empfehlenswert, die Tiere für 6–12 Wochen bei 4–5 °C zu überwintern. Die Paarungszeit beginnt im März und endet etwa Mitte Juni. Weibchen legen 2–5 Eier pro Gelege. Bei 25–30 °C schlüpfen die Jungtiere nach 59–65 Tagen.

Großkopf-Schlammschildkröte
Claudius angustatus (COPE, 1865)
Kinosternidae

GRÖSSE 14–17 cm.
VERBREITUNG Mexiko, Belize, Guatemala.
BESCHREIBUNG Rückenpanzer dunkeloliv bis braun. Jedes Schild weist mehr oder weniger deutliche, strahlenförmig angeordnete dunkle Punkte und Striche auf. Drei Längskiele. Kopf sehr groß und passt nicht völlig unter den Panzer. Hakenförmiger Schnabel. Am Kinn zwei Barteln. Männchen haben einen größeren Kopf.
LEBENSRAUM Sumpfgebiete und Tümpel in Flussnähe.
TERRARIUM Flussufer.
WASSERHÖHE PB x 2; **ERNÄHRUNG** Animalisch.
ZUCHT Ein Gelege kann aus 3–8 Eiern bestehen. Bei Temperaturen zwischen 25–30 °C dauert es bis zum Schlupf der Jungtiere 100–116 Tage.

Tropfenschildkröte
Clemmys guttata
(SCHNEIDER, 1792)
Emydidae

GRÖSSE 8–13 cm.
VERBREITUNG Südost-Kanada und USA.
BESCHREIBUNG Rückenpanzer schwarz mit gelblichen Punkten. Jungtiere zum Teil völlig schwarz. An Kopf und Hals größerer gelber bis orangefarbener Fleck. Bauchpanzer gelblich mit großen schwarzen Flecken. Männchen haben ein bräunliches Kinn, Weibchen ein gelbliches. Iris bei den Männchen braun, bei den Weibchen rötlich bis orange.
LEBENSRAUM Vorwiegend kleine weichgrundige Gewässer. Schwimmen nur unbeholfen und wandern meist im Flachwasserbereich am Grund des Gewässers umher.
TERRARIUM Flachwasser. Man sollte sie außerhalb der Fortpflanzungszeit einzeln halten.
WASSERHÖHE PB x 1; **ERNÄHRUNG** Vorwiegend animalisch.
ZUCHT Die Tiere sollten 2 Monate dunkel bei 4–6 °C gehalten werden. Ein Gelege umfasst 2–3 Eier. Bei 27–30 °C schlüpfen die Jungtiere nach 55–65 Tagen.

Waldbachschildkröte
Clemmys insculpta
(LE CONTE, 1829)
Emydidae

GRÖSSE 13–20 cm.
VERBREITUNG Südost-Kanada und Nordosten der USA.
BESCHREIBUNG Rückenpanzer dunkelbraun, hinten gesägt und mit höckerförmigem Längskiel. Von ihrem Mittelpunkt ausgehend weisen die Rückenschilder konzentrisch verlaufende Ringe und strahlenförmige Furchen auf. Bauchpanzer und jedes Schild in der hinteren Ecke mit einem dunklen Fleck. Gliedmaßen und Kopf oberseits dunkelbraun-oliv, auf der Unterseite orange. Männchen haben gröbere Schuppen auf den Vorderbeinen, einen kräftigeren Schwanz und stärker entwickelte Krallen.
LEBENSRAUM Kleingewässer der Laub- und Mischwälder.
TERRARIUM Flachwasser mit größerem Landteil.
WASSERHÖHE PB x 1; **ERNÄHRUNG** Alles.
ZUCHT 2–3 Monate überwintern bei 5–6 °C in völliger Dunkelheit. Nach der Winterruhe kann man manchmal Paarungen beobachten. Ein Gelege kann 7 Eier umfassen. Bei 25–28 °C schlüpfen die Jungtiere nach 53–55 Tagen.

Amboina-Scharnierschildkröte
Cuora amboinensis (DAUDIN, 1802)
Emydidae

GRÖSSE Bis über 20 cm.
VERBREITUNG O-Indien, Nicobaren Inseln, Bangladesch, Z- und S-Thailand, Malaysia, Borneo, Brunei, Indonesien, Philippinen.
BESCHREIBUNG Je nach Unterart (3) leicht bis hoch gewölbter, bräunlich bis fast schwarzer Rückenpanzer. Jungtiere mit drei Längskielen. Bauchpanzer gelblich mit dunklem Fleck am Rand der Schilder. Zwischen Vorder- und Hinterlappen des Bauchpanzers findet man ein häutiges Scharnier. Kopfoberseite dunkelbraun, von gelbem Band umgeben. Gliedmaßen bräunlich.
LEBENSRAUM Uferzonen der Flüsse, Sümpfe, Kanäle, flache, vegetationsreiche Tümpel.
TERRARIUM Flussufer.
WASSERHÖHE PB x 2; **ERNÄHRUNG** Alles.
ZUCHT Gelege umfasst meist 1–2 Eier. Mehrere Gelege in Abständen möglich. Bei 25–32 °C schlüpfen Jungtiere nach etwa 65–72 Tagen.

Dreistreifen-Scharnierschildkröte
Cuora trifasciata (BELL, 1825)
Emydidae

GRÖSSE Bis 20 cm.
VERBREITUNG N-Vietnam, China, N-Birma.
BESCHREIBUNG Nussbrauner Rückenpanzer, bei Jungtieren noch drei schwarzbraune bis schwarze Längskiele vorhanden. Bauchpanzer weiß bis gelblich und mit zwei Quergelenken ausgestattet. Kopf leuchtet gelb bis zum Halsansatz. Ein breites, schwarzbraun marmoriertes Band läuft von der Nase über die Augen bis zum Kopfende. Darunter findet man eine von einem schmalen schwarzen Strich abgeschlossene gelbe Binde.
LEBENSRAUM Flache Seen und Tümpel mit dichter Vegetation.
TERRARIUM Flussufer.
WASSERHÖHE PB x 2; **ERNÄHRUNG** Alles.
ZUCHT Gelege umfasst meist 2 Eier. Bei 28–32 °C schlüpfen die Jungtiere nach etwa 65 Tagen.

Malayische Dornschildkröte
Cyclemys dentata (GRAY, 1831)
Emydidae

GRÖSSE Bis 24 cm.

VERBREITUNG Hinterindien, westlicher Sunda-Archipel und Philippinen.

BESCHREIBUNG Flacher Rückenpanzer, dunkelbraun und hinten gesägt, mit Mittelkiel; auf jedem Bauchpanzerschild ein schwarzes Strahlenmuster. Später bildet sich ein bewegliches Scharnier am Bauchpanzer. Der längliche Kopf ist auf der Oberseite dunkelbraun, der Hals bräunlich-orangefarben gestreift. Männchen haben im Vergleich zu Weibchen einen eher konkav geformten Bauchpanzer.

LEBENSRAUM Die Schildkröten leben vor allem in Sumpfgebieten, Waldtümpeln und Schwemmwiesen. Sie legen bei der Suche nach anderen Gewässern schon einmal größere Strecken über Land zurück.

TERRARIUM Flussufer.

WASSERHÖHE PB x 2; **ERNÄHRUNG** Vorwiegend animalisch.

ZUCHT Weibchen legen im Schnitt pro Gelege 4 Eier. Bei etwa 27 °C schlüpfen die ersten Jungtiere nach etwa 80 Tagen.

Langhals-Schmuckschildkröte
Deirochelys reticularia
(LATREILLE, 1801)
Emydidae

GRÖSSE 15–25 cm.

VERBREITUNG USA (Osten und Süden).

BESCHREIBUNG Rückenpanzer oliv bis braun. Die Schilder besitzen Furchen und ein Netz aus gelbgrünen Linien. Im Alter verblassen die Zeichnungen. Randschilder und Bauchpanzer gelb, Weichteile und Kopf graugrün. Unter den Augen beginnt ein orangegelber Streifen, der am Hals entlangzieht, gefolgt von dünneren Linien. Hals besonders lang (80 % der Panzerlänge). Gliedmaßen mit scharfen Krallen ausgestattet.

LEBENSRAUM Vor allem ältere Exemplare fressen gerne Pflanzenteile.

TERRARIUM Flussufer, Freiland.

WASSERHÖHE PB x 2; **ERNÄHRUNG** Alles.

ZUCHT Weibchen legen pro Gelege 3–7 Eier, aus denen bei 25–30 °C nach 60–70 Tagen die Jungtiere schlüpfen.

Rundliche Spitzkopfschildkröte
Emydura subglobosa (KREFFT, 1876)
Chelidae

GRÖSSE Bis 26,5 cm.
VERBREITUNG Australien, Neuguinea.
BESCHREIBUNG Rückenpanzer braun und hinten breiter als vorne. Unterseite der Rand-schilder rötlich, Bauchpanzer schmal, gelb-lich und mit rötlichen Pigmenten durchsetzt. Der Kopf ist olivfarben. Ein gelber Streifen zieht von der Schnauzenspitze über die Augen bis zum Trommelfell, ein unterbroche-ner rötlicher Streifen vom Unterkiefer zum Hals. Zwei gelbe Barteln am Kinn.
LEBENSRAUM Vor allem große Flüsse der tro-pischen Regenwaldgebiete und angrenzen-den Savannen.
TERRARIUM Flussufer.
WASSERHÖHE PB x 2; **ERNÄHRUNG** Anima-lisch.
ZUCHT Ein Gelege umfasst 5–12 Eier. Bei Temperaturen von 26–30 °C und hoher Luft-feuchtigkeit schlüpfen die Jungtiere nach 50–55 Tagen.

Breitbrust-Elseyaschildkröte
Elsaya latisternum (GRAY, 1867)
Chelidae

GRÖSSE Bis 40 cm.
VERBREITUNG Australien.
BESCHREIBUNG Rückenpanzer recht flach und breit. Hinterrand gesägt. Bauchpanzer graubraun und mehr oder weniger hell gefleckt. Kurzer, oberseits brauner Hals mit zahlreichen Körnchenschuppen. Kopf sehr breit und mit leicht vorspringender Schnau-ze. Zwei Kinnbarteln. Kopfoberseite dunkel-braun, Oberseite der Vorder- und Hinterbei-ne häufig aschgrau.
LEBENSRAUM Flüsse, Sümpfe, Lagunen, Marschgebiete.
TERRARIUM Flussufer.
WASSERHÖHE PB x 2; **ERNÄHRUNG** Vorwie-gend animalisch.
ZUCHT Gelege beinhalten häufig zwischen 6–18 Eier. Bei Temperaturen zwischen 25–28 °C schlüpfen Jungtiere nach etwa 8–10 Wochen.

Europäische Sumpfschildkröte
Emys orbicularis (LINNAEUS, 1758)
Emydidae

GRÖSSE 11–20 cm.
VERBREITUNG Europa, Nordwest-Afrika und Südwest-Asien.
BESCHREIBUNG Rückenpanzer schwarz, relativ flach und gelblich gepunktet und/oder gestrichelt. Bauchpanzer gelblich und dunkel gefleckt. Weichteile und Kopf schwarz, ebenfalls mit gelblichen Punkten und Tupfen.
LEBENSRAUM Tümpel, Teiche, Gräben mit dichter Vegatation.
TERRARIUM Flussufer, Freiland.
WASSERHÖHE PB x 2; **ERNÄHRUNG** Vorwiegend animalisch.
ZUCHT 12–16 Wochen in einer Überwinterungskiste.
Paarungen können häufig den gesamten Sommer über beobachtet werden. Weibchen legen pro Saison bis zu 3 Gelege mit je 4–12 Eiern. Bei Temperaturen um 25–30 °C schlüpfen die Jungtiere nach 55–65 Tagen.

Strahlen-Dreikielschildkröte
Geoclemys hamiltonii (GRAY, 1831)
Emydidae

GRÖSSE 30–36 cm.
VERBREITUNG Pakistan, Indien, Nepal, Bangladesch.
BESCHREIBUNG Brauner bis schwarzbrauner Rückenpanzer mit drei Längskielen. Auf dem Rückenpanzer findet man gelbe Punkte und eine Strichzeichnung, die manchmal strahlenförmig aussieht. Bauchpanzer dunkle, längs verlaufende Strichzeichnung. Kopf und Gliedmaßen dunkel und mit gelben bis orangefarbenen Flecken versehen.
LEBENSRAUM Flüsse und Seen.
TERRARIUM Flussufer.
WASSERHÖHE PB x 2; **ERNÄHRUNG** Vorwiegend animalisch.
ZUCHT Es sind innerhalb eines Jahres drei Gelege mit je 16–19 Eiern möglich. Bei 30 °C schlüpfen die Jungtiere nach 74–88 Tagen.

Ouachita-Höckerschildkröte
Graptemys ouachitensis
Emydidae

GRÖSSE 10–27 cm.
VERBREITUNG USA.
BESCHREIBUNG Rückenpanzer braun bis oliv, Mittelkiel bildet auf dem 2. Wirbelschild einen kleinen Höcker. Auf den Rippenschildern und Unter- und Oberseite der Randschilder helle ovale Ringe. Hinterrand gesägt. Besonderes Merkmal: Hinter dem Auge findet man einen leuchtend gelben Fleck, der in einem gelben Nackenstreifen endet.
LEBENSRAUM Vegetationsreiche stehende und fließende Gewässer aller Art.
TERRARIUM Flussufer.
WASSERHÖHE PB x 2; **ERNÄHRUNG** Vorwiegend animalisch.
ZUCHT Gelege besteht meist aus 6–8 Eiern. Bei Temperaturen zwischen 25–30 °C schlüpfen Jungtiere nach 7–8 Wochen.

Echte Landkarten-Höckerschildkröte
Graptemys geographica
(LE SUEUR, 1817)
Emydidae

GRÖSSE 10–27 cm.
VERBREITUNG Kanada und USA.
BESCHREIBUNG Oliv bis bräunlich gefärbter Rückenpanzer mit leichtem Mittelkiel und kleinem Höcker. Gelbliches Linienmuster („Landkarte"). Hinterrand deutlich gesägt. Bauchpanzer gelblich Unterseite der Randschilder und Brücke mit dunkler Schnörkelzeichnung. Weichteile mit gelben Streifen. Hinter dem Auge dreieckiger, gelber Fleck.
LEBENSRAUM Flüsse und Seen.
TERRARIUM Flussufer.
WASSERHÖHE PB x 2; **ERNÄHRUNG** Vorwiegend animalisch.
ZUCHT Gelege bestehen aus 3–6 Eiern. Mehrere Gelege im Jahr möglich. Bei Temperaturen zwischen 25–32 °C schlüpfen Jungtiere nach 55–70 Tagen.

Falsche Landkarten-Höckerschildkröte
Graptemys pseudogeographica
(GRAY, 1831)
Emydidae

GRÖSSE 14,5–27,3 cm.
VERBREITUNG USA (N-Dakota bis NW-Ohio, südlich bis Louisiana und O-Texas).
BESCHREIBUNG Rückenpanzer oliv bis braun. Auf den Rippenschildern netzförmige Zeichnung. Helle Linien an den Randschildern. Mittelkiel endet auf den 2. und 3. Wirbelschild in einem höckerartigen dunklen Sporn. Panzerhinterrand gesägt. Bauchpanzer gelblich mit dunkler symmetrischer Zeichnung. Weichteile grau bis oliv. Schmale gelbe Hinteraugenlinie. Charakteristisch ist der kleine gelbe Hinteraugenfleck. Männchen haben längere Krallen.
LEBENSRAUM Stehende und langsam fließende Gewässer.
TERRARIUM Flussufer, Freiland.
WASSERHÖHE PB x 2; **ERNÄHRUNG** Animalisch.
ZUCHT Weibchen legen bis zu dreimal in einem Jahr 6–13 Eier. Bei Temperaturen um 30 °C schlüpfen die Jungtiere nach 60–75 Tagen.

Riesen-Erdschildkröte
Heosemys grandis (GRAY, 1860)
Emydidae

GRÖSSE 40–45 cm.
VERBREITUNG Birma, Malaysia, Thailand, Kambodscha, evtl. Laos, Vietnam.
BESCHREIBUNG Braungelber, gewölbter Rückenpanzer mit ausgeprägtem flachen, heller gefärbtem Mittelkiel. Strahlenförmige Strichzeichnung verblasst mit zunehmendem Alter. Carapaxhinterrand gesägt. Bauchpanzerschilder mit strahlenförmiger Zeichnung. Kopf und Gliedmaßen graubraun bis graugelb. Gliedmaßen mit scharfen Krallen ausgestattet. Schwimmhäute schwach ausgebildet.
LEBENSRAUM Flüsse, Schwemmgebiete, Teiche und Tümpel.
TERRARIUM Flussufer-Terrarium, Freiland-Terrarium.
WASSERHÖHE PB x 2; **ERNÄHRUNG** Alles.
ZUCHT Gelege können 3–8 Eier umfassen. Bei 27–30 °C dauert es bis zum Schlupf der Jungtiere 16–18 Wochen!

Smith´s Dachschildkröte
Kachuga (Pangshura) smithii
(GRAY, 1863)
Emydidae

GRÖSSE Bis 24 cm.
VERBREITUNG Pakistan, Indien, Bangladesch.
BESCHREIBUNG Rückenpanzer (im Gegensatz zu anderen Dachschildkröten) relativ flach, oliv-braun, Mittelkiel dunkel abgesetzt. Bauchpanzer fast schwarz, an den Schildnähten weiße Zeichnungselemente, Weichteile gräulich; auf dem Hals feine helle und dunkle Streifen. Auffällige Augenfarbe: hellblaue Iris, Männchen bleiben kleiner als Weibchen.
LEBENSRAUM Die Art lebt bevorzugt in Flüssen, aber auch Altarmen und wasserführenden Gräben. Die Schildkröten sind gute Schwimmer, die sich gerne in Gesellschaft mit Artgenossen ausgiebig sonnen. Während der Trockenzeit verbergen sie sich im Schlamm.
TERRARIUM Flussufer.
WASSERHÖHE PB x 2; **ERNÄHRUNG** Alles.
ZUCHT In der Zeit von Juli/August kann man die Wassertemperatur langsam auf 30 °C erhöhen, danach wieder auf die üblichen 23–26 °C senken. Etwa 4–7 Wochen nach der Paarung legt das Weibchen 3–6 Eier in eine Grube auf dem Landteil. Bebrütet man die Eier bei 28 °C, schlüpfen die Jungtiere nach 140–160 Tagen.

Stachelerdschildkröte
Heosemys spinosa (GRAY, 1831)
Emydidae

GRÖSSE Bis 23 cm.
VERBREITUNG Hinterindien und Sunda-Archipel.
BESCHREIBUNG Der braune Rückenpanzer hat einen gesägten Hinterrand und einen Mittelkiel. Auf dem gelbbraunen Bauchpanzer findet man eine Strahlenzeichnung, die jedoch im Alter immer blasser wird. Bei Jungtieren endet jedes Randschild in einem nach außen stehenden Zacken. Im Schläfenbereich und an den Gliedmaßen befinden sich rote Flecken. Die Iris ist ebenfalls rot.
LEBENSRAUM Vorwiegend Flüsse, aber auch Reisfelder.
TERRARIUM Flussufer.
WASSERHÖHE PB x 2; **ERNÄHRUNG** Alles.
ZUCHT Nicht bekannt.

Dreistreifen-Klappschildkröte
Kinosternon baurii (GARMAN, 1891)
Kinosternidae

GRÖSSE 7,5–12 cm.

VERBREITUNG Osten der USA (Virginia bis Florida).

BESCHREIBUNG Rückenpanzer bräunlich bis schwarz und mit 3 hellen Längsstreifen. An jeder Kopfseite 2 helle Streifen. Bauchpanzer gelb bis hellbraun mit einigen grauen Flecken. Die Panzeröffnungen können durch die beweglichen Bauchpanzerteile fast völlig geschlossen werden. Der kleine, konisch verlaufende Kopf besitzt dunkle Makel. Männchen bleiben kleiner und haben am Ende des längeren und dickeren Schwanzes einen Endnagel.

LEBENSRAUM Stehende Gewässer und Sumpfgebiete mit dichter Vegetation und weichem Bodengrund.

TERRARIUM Flussufer.

WASSERHÖHE PB x 2; **ERNÄHRUNG** Animalisch.

ZUCHT Eine 2-monatige Winterruhe ist empfehlenswert. Gelege umfasst meist 2–3 Eier. Bei Temperaturen zwischen 25 und 30 °C schlüpfen nach etwa 120 Tagen die Jungtiere.

Moschusschildkröte
Kinosternon carinatum
(GRAY, 1855)
Kinosternidae

GRÖSSE Bis 15 cm.

VERBREITUNG S-USA.

BESCHREIBUNG Rückenpanzer hell hornfarben oder hellbraun oliv. Weibchen wirken oft heller gefärbt. Schildnähte mit dunklem Rand. Wirbelschilder laufen nach hinten spitz aus. Hornschilder des Bauchpanzers sind entlang der Mittellinie rückgebildet und durch helle Hautpartien ersetzt. Bindegewebsartiges Quergelenk zwischen Brust- und Bauchschildern. Nase auffällig lang. 3–4 Kinnbarteln.

LEBENSRAUM Vegetationsreiche Stellen an Bächen, Flüssen und Schwemmbereichen.

TERRARIUM Flachwasser.

WASSERHÖHE PB x 2; **ERNÄHRUNG** Animalisch.

ZUCHT Gelege bestehen häufig aus 2 Eiern. Bei Temperaturen von 27–30 °C schlüpfen Jungtiere nach etwa 3 Monaten.

Geierschildkröte
Macroclemys temminckii
(HARLAN, 1835)
Chelydrididae

GRÖSSE 34–66 cm.
VERBREITUNG USA.
BESCHREIBUNG Der Rückenpanzer besitzt 3 kräftige Kiele, der Hinterrand ist grob gezähnt. Der Bauchpanzer ist grau bis gelblich. Ihr Kopf ist massig und besitzt einen langen, hakenförmigen Oberkiefer. Der Schwanz ist sehr lang und hat auf der Oberseite Höckerkiele. Männchen haben eine dickere Schwanzwurzel.
LEBENSRAUM Die Tiere lauern zwischen Pflanzen etc. mit aufgerissenem Maul auf Beute. Ein wurmähnlicher Zungenfortsatz bewegt sich und lockt dadurch Fische an. Sobald ein Fisch danach schnappt, wird er mit einem Saugschnappen selbst erbeutet. Die Tiere können beim Zubeißen erhebliche Wunden verursachen!
TERRARIUM Flachwasser.
WASSERHÖHE PB x 2; **ERNÄHRUNG** Animalisch.
ZUCHT Eine Winterruhe von etwa 2 Monaten bei ca. 15 °C und Dämmerlicht ist angebracht. Weibchen legen 10–52 Eier, aus denen bei 25–30 °C nach 82–114 Tagen die Jungtiere schlüpfen.

Diamantschildkröte
Malaclemys terrapin
(SCHOEPFF, 1793)
Emydidae

GRÖSSE 15–23 cm.
VERBREITUNG USA, entlang der Atlantik- und Golfküste bis Texas.
BESCHREIBUNG Rückenpanzer schwarz, bräunlich oder grau, mit deutlichen Wachstumsringen. Mittelkiel stark reduziert. Bauchpanzer gelblich, orange bis grünlich grau und oft mit dunklem Flecken- oder Pünktchenmuster. Weichteile gräulich mit schwarzer Zeichnung. Männchen bleiben kleiner. 3 Unterarten.
LEBENSRAUM Brackwasserbereiche, Lagunen und Tümpel der Gezeitenzone.
WASSERHÖHE PB x 2, dem Wasser fügt man Kochsalz hinzu (auf 10 l Wasser 1 Teelöffel Salz); **ERNÄHRUNG** Vorwiegend animalisch.
ZUCHT Vor allem Exemplare aus dem Norden des Verbreitungsgebietes sollten 3–5 Monate bei ca. 5 °C im Wasser oder in einer Überwinterungskiste überwintern.
Etwa 5–6 Wochen nach der Paarung legt das Weibchen meist 6–12 Eier. Bei Temperaturen zwischen 25 bis 30 °C dauert es bis zum Schlupf der Jungtiere 75–100 Tage.

▶ **Malaien-Sumpfschildkröte**
*Malayemys subtrijuga
(SCHLEGEL & MÜLLER, 1844)
Emydidae*

GRÖSSE Bis 21 cm.
VERBREITUNG Thailand, Kambodscha, S-Vietnam, N-Malaysia, Indonesien (Sumatra, Java).
BESCHREIBUNG Auf dem dunkelbraunen Rückenpanzer findet man drei Längskiele, von denen der mittlere am deutlichsten ausgeprägt ist. Die Randschilder besitzen weiße, gezackte Außenränder. Der dunkle Bauchpanzer ist hell gefleckt. Kopf und Weichteile bräunlich. Von der Schnauzenspitze zieht eine weiße oder gelbliche Linie über das Auge bis zur Schläfe. Eine weitere Linie zieht von der Schnauzenspitze unter dem Auge bis zum Mundwinkel.
LEBENSRAUM Langsam fließende Flüsse, vegetationsreiche Tümpel und Reisfelder.
WASSERHÖHE PB x 2; **ERNÄHRUNG** Vorwiegend Wasserschnecken, aber auch Krebse, Insekten und deren Larven sowie kleine Fische.
TERRARIUM Flussufer.
ZUCHT Nicht bekannt.

▶ **Kaspische Wasserschildkröte**
*Mauremys caspica (GMELIN, 1774)
Emydidae*

GRÖSSE 20–25 cm.
VERBREITUNG Kaukasus-Länder und Vorderasien.
BESCHREIBUNG Rückenpanzer glatt, bräunlich bis olivgrün und hinten manchmal leicht gekielt. Auf den Rippenschildern können sich orangefarbene ringförmige Felder befinden. Bauchpanzer gelblich mit schwarzen Flecken. Weichteile graubraun. Männchen haben einen leicht konkav geformten kleineren Bauchpanzer und dickeren Schwanz.
LEBENSRAUM Stehende und langsam fließende Gewässer.
TERRARIUM Flussufer, Freiland.
WASSERHÖHE PB x 2; **ERNÄHRUNG** Animalisch.
ZUCHT Die Tiere sollten 12–16 Wochen bei ca. 5 °C im Wasser oder in einer Überwinterungskiste ruhen. Ein Gelege kann zwischen 6–10 Eier umfassen. Bei 28–32 °C schlüpfen die Jungtiere nach 8–9 Wochen.

Gelbe Sumpfschildkröte
Mauremys mutica (CANTOR, 1842)
Emydidae

GRÖSSE Bis 18 cm.

VERBREITUNG Vietnam, Süd-China, Taiwan, Japan und Riu-Kiu-Inseln.

BESCHREIBUNG Rückenpanzer kastanienbraun mit 3 Längskielen. Bauchpanzer überwiegend schwefelgelb bis orange. Hinter dem Auge beginnt ein waagerechtes breites gelbes Längsband. Kehle ebenfalls gelblich. Männchen besitzen kleinere Bauchpanzer und dickeren Schwanz.

LEBENSRAUM Vor allem stehende Gewässer. Sehr anpassungsfähig, sie kommt sowohl in den Niederungen als auch im Hügelland vor.

TERRARIUM Flussufer, Freiland.

WASSERHÖHE PB x 2; **ERNÄHRUNG** Animalisch.

ZUCHT Die Tiere sollten 8–12 Wochen bei ca. 5 °C im Wasser oder in einer Überwinterungskiste ruhen. Im Freilandterrarium sind die Schildkröten einfach zu vermehren. Gelege umfasst meist 3–6 Eier. Bei Temperaturen um 28 °C schlüpfen Jungtiere nach 65–69 Tagen.

Spanische Wasserschildkröte
Mauremys leprosa
(SCHWEIGGER, 1812)
Emydidae

GRÖSSE Bis 25 cm.

VERBREITUNG SW-Europa und NW-Afrika.

BESCHREIBUNG Rückenpanzer hell olivfarben bis bräunlich. Randschilder oft konkav eingedellt und leicht aufgebogen. Jungtiere noch mit Kiel. Auf den Rippenschildern findet man oft hell gesäumte orange bis braune Augenflecken, die später verblassen. An den Halsseiten Streifen, die in Ohrnähe Schnörkel bilden.

LEBENSRAUM Ruhige Buchten von Flüssen, Bäche, Gräben, Teiche und Tümpel.

TERRARIUM Flussufer.

WASSERHÖHE PB x 2; **ERNÄHRUNG** Animalisch.

ZUCHT Weibchen legen meist 4–8 Eier. Bei Temperaturen um 28–32 °C schlüpfen die Jungtiere nach 6–8 Wochen.

Schwarzbauch-Erdschildkröte
Melanochelys trijuga
(SCHWEIGGER, 1812)
Emydidae

GRÖSSE 22–40 cm.

VERBREITUNG Indien, Nepal, Sri Lanka, Bangladesch, Birma, NW-Thailand, Malediven, Chargos Inseln.

BESCHREIBUNG Der längliche, rötlich braune bis dunkelbraune Rückenpanzer wirkt leicht eingedrückt und hat drei Kiele. Hin und wieder ist er fast schwarz. Bauchpanzer einfarbig dunkelbraun bis schwarz, kann auch gelb gerandet sein. Kopf braun bis schwarz, manchmal orange oder gelbe Flecken, oder ein Netzmuster, oder große gelbe oder cremefarbene Schläfenflecken. 6 Unterarten.

LEBENSRAUM Einige Unterarten sind an Gewässer gebunden (z.B. M. t. thermalis und M. t. coronata).

TERRARIUM Flussufer.

WASSERHÖHE PB x 2; **ERNÄHRUNG** Animalisch.

ZUCHT Gelege beinhalten meist 3–4 Eier. Bei 25–30 °C schlüpfen die Jungtiere nach 65–72 Tagen.

Peters-Pfauenaugen-Sumpfschildkröte
Morenia petersi (ANDERSON, 1879)
Emydidae

GRÖSSE Bis 20 cm.

VERBREITUNG Bangladesch, Indien.

BESCHREIBUNG Rückenpanzer oliv, dunkelbraun oder schwarz mit grünlichen, cremefarbenen oder gelben Rändern an den Wirbel- und Rippenschildern. Der Mittelstreifen ist heller. Bei jüngeren Exemplaren findet man auf den Wirbelschildern je eine helle hufeisenförmige, nach hinten offene Markierung und auf jedem Rippenschild einen blassen Augenfleck. Diese Markierungen verblassen im Alter. Bauchpanzer gelb, an der Unterseite der Randschilder und auf der Brücke können dunkle Flecken vorhanden sein. Kopf oliv mit einigen gelben Streifen auf jeder Seite. Schnauze zugespitzt. Männchen bleiben kleiner.

TERRARIUM Flussufer.

WASSERHÖHE PB x 2; **ERNÄHRUNG** Vegetarisch.

ZUCHT Pro Gelege 2–4 Eier. Bei 28–32 °C schlüpfen nach 67–75 Tagen die Jungtiere.

Chinesische Streifenschildkröte
Ocadia sinensis (GRAY, 1834)
Emydidae

GRÖSSE Bis 25 cm.
VERBREITUNG Z-Vietnam, Laos, S-China (einschließlich Taiwan und Hainan).
BESCHREIBUNG Rückenpanzer rötlich braun, dunkelbraun, dunkeloliv bis schwarz, mit gelben Säumen, besonders bei Jungtieren. 3 Längskiele, die später schwächer werden. An den Kopfseiten bis zu 8 schwarz gerandete, schmale cremefarbene oder gelbe Streifen. Gliedmaßen oliv und mit vielen gelblichen Streifen.
LEBENSRAUM Langsam fließende und stehende Gewässer.
TERRARIUM Flussufer.
WASSERHÖHE PB x 2; **ERNÄHRUNG** Vorwiegend animalisch.
ZUCHT Gelege besteht oft aus 3–4 Eiern. Bei 25–30 °C schlüpfen Jungtiere nach 68–80 Tagen.

Plattrückenschildkröte
Notochelys platynota (GRAY, 1834)
Emydidae

GRÖSSE Bis 32 cm.
VERBREITUNG Birma, S-Vietnam, Thailand, Malaysia, Indonesien und Borneo.
BESCHREIBUNG Olivbrauner, flacher Rückenpanzer. Stets 6–7 Wirbelschilder! Hinterrand deutlich gesägt. Bei erwachsenen Exemplaren ist der Bauchpanzer entlang der Brücke beweglich. Rückenpanzer bei Jungtieren gelblich bis olivgrün, auf jedem Wirbelschild 1–2 schwarze Punkte. Bauchpanzer und Brücke gelb bis orange mit großen dunklen Flecken auf jedem Schild. Kopf und Nacken braun, bei Jungtieren manchmal mit gelben Streifen.
LEBENSRAUM Flache, vegetationsreiche Gewässer.
TERRARIUM Flachwasser.
WASSERHÖHE PB x 1; **ERNÄHRUNG** Vorwiegend vegetarisch.
ZUCHT Nicht bekannt.

Weißbrust-Pelomedusenschildkröte
Pelusios andansonii
(SCHWEIGGER, 1812)
Pelodemedusidae

GRÖSSE Bis 18 cm.
VERBREITUNG Zentral-Afrika.
BESCHREIBUNG Auf den ersten 4 Wirbelschildern befindet sich ein flacher Mittelkiel.
Rückenpanzer gelbbraun bis graubraun und mit einigen dunklen Strahlen oder Flecken.
Bei diesen Schildkröten ist kein Nackenschild vorhanden. Der vordere Bauchpanzer-Lappen ist etwa zweimal so lang wie das Bauchschild. Bauchpanzer und Brücke sind gelb gefärbt. Kopf breit, mit kurzer, vorspringender Schnauze und einem gelblichen Kiefer.
Zwei Kinnbarteln.
LEBENSRAUM Flüsse der Savannenregionen.
TERRARIUM Flussufer.
WASSERHÖHE PB x 2; **ERNÄHRUNG** Vorwiegend animalisch.
ZUCHT Ein Gelege umfasst zwischen 12–20 Eier. Bei Temperaturen um 28/30 °C dauert es bis zum Schlupf der Jungtiere etwa 8–9 Wochen.

Buckel-Schildkröte
Phrynops gibbus
(SCHWEIGGER, 1812)
Chelinae

GRÖSSE Bis 25 cm.
VERBREITUNG Südamerika (Fluss-Systeme des Orinoko bis Amazonas).
BESCHREIBUNG Rückenpanzer dunkelbraun bis schwarz, bei sehr alten Exemplaren glatt, sonst Mittelkiel. Bauchpanzer hellbraungräulich bis dunkelbraun, am Rand hellgelb bis dunkelgrau. Kopf breit, auf der Oberseite und an den Seiten hellgrau bis braunschwarz, bei Jungtieren gelb bis grau marmoriert. Unterseite hellgelb bis hellgrau. Zwei weiße Kinnbarteln. Weichteile hellgrau bis schwarz. Männchen bleiben etwas kleiner.
LEBENSRAUM Schlammige, langsam fließende Gewässer, vor allem entlang der Regenwälder. Dämmerungsaktiv!
TERRARIUM Flussufer.
WASSERHÖHE PB x 2; **ERNÄHRUNG** Vorwiegend animalisch.
ZUCHT Ein Gelege umfasst meist 2–4 Eier. Bei 26–30 °C kann es bis zum Schlupf der Jungtiere 184–220 Tage dauern.

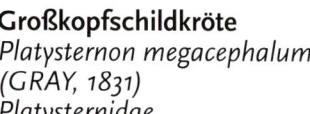

Großkopfschildkröte
Platysternon megacephalum
(GRAY, 1831)
Platysternidae

GRÖSSE Bis 20 cm.
VERBREITUNG S-Birma, W-Thailand, Laos, Kambodscha, Vietnam und S-China.
BESCHREIBUNG Der flache braune Rückenpanzer wirkt starr und ist mit einem Kiel ausgestattet. Bauchpanzer hell. Rücken- und Bauchschilder sind durch eine Reihe Inframarginalschilder voneinander getrennt. Der massige Kopf kann nicht in den Panzer gezogen werden! 3 Unterarten, die sich durch die Schnauzenform voneinander unterscheiden. Männchen haben im Vergleich eine etwas dickere Schwanzwurzel.
LEBENSRAUM Flache, z.T. schnell fließende Gebirgsbäche in Waldregionen.
TERRARIUM Flachwasser mit leistungsstarkem Filter.
WASSERHÖHE PB x 1; **ERNÄHRUNG** Animalisch.
ZUCHT Weibchen können pro Gelege 2–6 Eier absetzen. Bei 28–32 °C dauert es bis zum Schlupf der Jungtiere etwa 8–10 Wochen.

Rotkopf-Plattschildkröte
Platemys platycephala
(SCHNEIDER, 1792)
Chelinae

GRÖSSE Bis 20 cm.
VERBREITUNG Südamerika.
BESCHREIBUNG Rückenpanzer flach und entlang der Rückenmitte mit einer deutlichen Einbuchtung (Rinne) versehen. Oberseite gelblich bis nussbraun gefärbt und besitzt eine dunkle kreuzartige Figur. Es gibt eine insgesamt deutlich dunklere Unterart (P. p. melanonota). Kopfoberseite ist großschuppig und in der Mitte gelblich bis ziegelrot. Männchen werden etwas größer.
LEBENSRAUM Flache Wasserstellen.
TERRARIUM Flachwasser.
WASSERHÖHE PB x 2; **ERNÄHRUNG** Vorwiegend animalisch.
ZUCHT Die Weibchen legen 1–2 Eier in eine flache Mulde, die sie selbst ausscharren. Anschließend scharren sie die Mulde wieder zu. Bei einer Temperatur um 28 °C dauert es bis zum Schlupf der Jungtiere etwa 5 Monate.

Terekay-Schienenschildkröte
Podocnemis unifilis
(TROSCHEL, 1848)
Pelomedusidae

GRÖSSE 35–68 cm.
VERBREITUNG Südamerika.
BESCHREIBUNG Der dunkelgrau, oliv bis bräunlich gefärbte Rückenpanzer ist nur wenig gewölbt. Ein Mittelkiel ist vorhanden. Bauchpanzer-Vorderlappen groß und vorne gerundet. Kopf gräulich bis oliv und charakteristisch gelb gefleckt. Kiefer dunkel und am Kinn befinden sich gelbe Querstreifen. Es sind 1–2 Kinnbarteln vorhanden. Jungtiere sind besonders attraktiv gefärbt. Orinoco-Exemplare besitzen nur 1 Kinnbartel, Amazonas-Exemplare 2 Kinnbarteln.
LEBENSRAUM Vor allem große Flüsse und Lagunen. In der Regenzeit wandern sie auch in Überschwemmungsbereiche. Fressen häufig auch Wasserhyazinthen (Eichhornia).
TERRARIUM Flussufer.
WASSERHÖHE PB x 2; **ERNÄHRUNG** Animalisch.
ZUCHT Gelege bestehen aus 18–25, selten bis 40 Eiern. Bei Temperaturen von 26–32 °C dauert es bis zum Schlupf der Jungtiere 59–78 (90) Tage.

✕ Fluss-Schmuckschildkröte
Pseudemys concinna
(LE CONTE, 1830)
Emydidae

GRÖSSE 23–40 cm.
VERBREITUNG USA, Mexiko.
BESCHREIBUNG Flacher, breiter Rückenpanzer mit Mittelkiel, zweites Rippenschild mit C-förmiger Zeichnung, Bauchpanzer gelborange, mit dunkler symmetrischer Figur in der Mitte. Weichteile mit gelben Längsstreifen. Am Unterkiefer beginnt ein besonders markanter gelber Streifen, zieht zum Hals und verbindet sich etwa am Mundwinkel mit einem von beiden Augenrändern ziehenden Streifen, wobei eine Y-förmige Zeichnung entsteht. Männchen meist kleiner.
LEBENSRAUM Vor allem ruhige, dicht bewachsene Stellen von Flussufern.
TERRARIUM Flussufer, Freiland.
WASSERHÖHE PB x 2; **ERNÄHRUNG** Vorwiegend animalisch.
ZUCHT Ein Gelege besteht meist aus 6–12 Eiern. Bei 25–30 °C schlüpfen die Jungtiere nach 66–114 Tagen. Sie sind auffällig grün gefärbt, mit gelbem Schnörkelmuster.

Florida-Schmuckschildkröte
Pseudemys floridana
(LE CONTE, 1830)
Emydidae

GRÖSSE 20–25 cm (selten bis 40 cm!).
VERBREITUNG USA.
BESCHREIBUNG Bräunlich-oliv gefärbter Rückenpanzer mit gelblichem bis rötlichem Linienmuster, zweites Rippenschild ohne C-förmige Markierung. Bei Jungtieren hat der Panzer einen Mittelkiel. Bauchpanzer gelb bis blassgelb und ungefleckt. Weichteile mit gelben Längsstreifen. Kopfzeichnung erinnert an die von P. concinna. Männchen haben längere Krallen an den Vorderbeinen und bleiben kleiner.
LEBENSRAUM Vegetationsreiche Gewässer mit schlammigem Untergrund.
TERRARIUM Flussufer, Freiland.
WASSERHÖHE PB x 2; **ERNÄHRUNG** Alles.
ZUCHT Pro Gelege 12–29 Eier. Bei 25–30 °C dauert es bis zum Schlupf der Jungtiere 80–110 Tage.

Diadem-Erdschildkröte
Rhinoclemmys diademata
(MERTENS, 1954)
Emydidae

GRÖSSE Bis 25 cm.
VERBREITUNG Venezuela.
BESCHREIBUNG Der schwarzbraune Rückenpanzer ist länglich-oval. Auf dem Kopf befindet sich eine gelborange bis gelbweiße, hufeisenförmige Zeichnung und auf der Schnauze ein heller Fleck, der jeweils bis zum Auge reicht. Einige helle Seitenstriche können vorhanden sein.
LEBENSRAUM Teiche, Tümpel und Sumpfgebiete.
TERRARIUM Flachwasser mit größerem Landteil.
WASSERHÖHE PB x 1; **ERNÄHRUNG** Alles.
ZUCHT Stark ritualisiertes Balzverhalten. (Kopfstrecken). Gelege besteht meist aus 2 Eiern. Mehrere Gelege möglich. Bei Temperaturen von 25–30 °C schlüpfen Jungtiere nach 12–13 Wochen.

Beales Sumpfschildkröte
Sacalia bealei (GRAY, 1831)
Emydidae

GRÖSSE 12–16 cm.
VERBREITUNG Südost-China.
BESCHREIBUNG Rückenpanzer gelblich-braun bis schwarzbraun mit Mittelkiel. Auf dem gelblichen Bauchpanzer findet man eine Zeichnung aus verwaschenen schwarzen Tupfen und Flecken. Die Weichteile der Weibchen beige bis gelbbraun, Innenseite der Vorderbeine hellgelb. Am Hals gelbliche Längsstreifen. Bei den Weibchen ist die Nickhaut der Augen gelb, bei Männchen rot. Im Nacken und auf dem Hinterkopf befinden sich bei ihnen 1–4 Paar Ozellen.
LEBENSRAUM Bevorzugen Bergbäche und tiefe Tümpel des tropischen und subtropischen Regenwaldes.
TERRARIUM Flussufer.
WASSERHÖHE PB x 2; **ERNÄHRUNG** Animalisch.
ZUCHT Die Schildkröten geraten eher in Fortpflanzungsstimmung, wenn man die Temperatur im Winter für 6–8 Wochen auf etwa 12 °C senkt. Gewöhnlich werden 1–2 Eier gelegt. Bei 25–30 °C schlüpfen die Jungtiere nach 65–80 Tagen.

Schwarze Dickkopfschildkröte
Siebenrockiella crassicollis
(GRAY, 1831)
Emydidae

GRÖSSE 17–20 cm.
VERBREITUNG Birma, Indonesien, Kambodscha, Malaysia, Thailand, Vietnam.
BESCHREIBUNG Der dunkelbraune bis schwarze Rückenpanzer ist bei Jungtieren noch mit 3 Kielen ausgestattet, bei erwachsenen Tieren ist nur noch 1 Kiel vorhanden. Eine weiße Markierung umrandet die Augen, weitere weiße Makel findet man in der Schläfenregion und am Kinn.
LEBENSRAUM Sumpfgebiete, vegetationsreiche Tümpel, Teiche und langsame Fließgewässer.
TERRARIUM Flussufer.
WASSERHÖHE PB x 2; **ERNÄHRUNG** Animalisch.
ZUCHT Weibchen legen pro Gelege gewöhnlich 1 Ei, seltener 2. Bei 27–30 °C schlüpfen die Jungtiere nach 64–85 Tagen.

Wasser-Dosenschildkröte
Terrapene coahuila
(SCHMIDT & OWENS, 1944)
Emydidae

GRÖSSE Bis 17 cm.
VERBREITUNG Mexiko (Becken von Cuatro Cienegas, Z-Coahuila).
BESCHREIBUNG Rückenpanzer horn- oder strohfarben und gewölbt. Bauchpanzer mit gut entwickeltem Quergelenk. Kopf klein, hell- bis graubraun. An jedem Fuß vier Zehen. Schwimmhäute nur mäßig entwickelt. Jungtiere mit würmchenförmiger Zeichnung. Vom Augenrand bis zum Trommelfell zieht je ein gelber Strich.
LEBENSRAUM Sumpfgebiet.
TERRARIUM Flachwasser.
WASSERHÖHE PB x 2; **ERNÄHRUNG** Vorwiegend animalisch.
ZUCHT Paarungen finden nur im Wasser statt. Gelege umfasst meist zwischen 4–8 Eier. Bei Temperaturen zwischen 27 und 31 °C schlüpfen nach etwa etwa 2 Monaten die Jungtiere.

Haiti-Schmuckschildkröte
Trachemys decorata
(BARBOUR & CARR, 1940)
Emydidae

GRÖSSE 22–34 cm.
VERBREITUNG Hispaniola (Karibische Insel)
BESCHREIBUNG Rückenpanzer grau bis braun, dunkel olivgrün bis grünbraun und leicht gekielt. Bauchpanzer gelb und besitzt einzelne schwarze Augenflecken. Die Schnauze ist zugespitzt und leicht nach oben gezogen. Weichteile sind kontrastreich gefärbt. Der hell bis dunkel olivgrüne Kopf weist zahlreiche gelbe und dunkle Linien auf. Männchen haben an den Vorderbeinen verlängerte Krallen.
LEBENSRAUM Ruhige Buchten von Flüssen, aber auch stehende Gewässer.
TERRARIUM Flussufer.
WASSERHÖHE PB x 2; **ERNÄHRUNG** Alles.
ZUCHT Bei der Balz „schwebt" das Männchen vor dem Weibchen mit ausgestreckten Vorderbeinen und zittert mit den Krallen. Pro Gelege 6–18 Eier. Bei 25–30 °C erfolgt nach 60–70 Tagen der Schlupf.

Buchstaben-Schmuckschildkröte
Trachemys scripta
(SCHOEPFF, 1792)
Emydidae

GRÖSSE 16–28 cm.

VERBREITUNG USA, Mexiko, Honduras, Nicaragua, Costa Rica, Panama, N-Kolumbien, NW-Venezuela.

BESCHREIBUNG Von dieser Art gibt es sehr viele Unterarten. Rückenpanzer bräunlich-grünlich mit gelblicher Zeichnung. Bauchpanzer gelb mit dunklen Flecken. Schläfenflecken je nach Unterart gelb, orange oder rot. Männchen bleiben deutlich kleiner und haben bei einigen Unterarten verlängerte Krallen an den Vorderbeinen.

LEBENSRAUM Die Schildkröten leben in Süßgewässern aller Art, vor allem an ruhigen Stellen mit Gelegenheit zum Sonnenbaden und dichter Vegetation.

TERRARIUM Flussufer, Freiland.

WASSERHÖHE PB x 2; **ERNÄHRUNG** Alles.

ZUCHT Ein Gelege beinhaltet meist 6–12 Eier, und es sind 4–6 Gelege in einer Saison möglich. Bei 30 °C schlüpfen die Jungtiere nach 60–65 Tagen.

Die Unterarten der Buchstaben-Schmuckschildkröte *(Trachemys scripta)* **und ihre Heimat**
▶ *Trachemys scripta scripta* (Gelbwangen-Schmuckschildkröte); O-USA.
▶ *Trachemys scripta brasiliensis* (Brasilianische Schmuckschildkröte); Brasilien.
▶ *Trachemys scripta callirostris* (Südamerikanische-Schmuckschildkröte); Kolumbien, W-Venezuela.
▶ *Trachemys scripta cataspila* (Mexikanische Schmuckschildkröte); Mexiko.
▶ *Trachemys scripta chichiriviche* (Venezuela-Schmuckschildkröte); Venezuela.
▶ *Trachemys scripta dorbigni* (Argentinische Schmuckschildkröte; NO-Argentinien, Uruguay.
▶ *Trachemys scripta elegans* (Rotwangen-Schmuckschildkröte); USA, Mexiko.
▶ *Trachemys scripta emolli* (Nicaragua-Schmuckschildkröte); Nicaragua, Costa Rica.
▶ *Trachemys scripta gaigeae* (Big Bend-Schmuckschildkröte); USA, Mexiko.
▶ *Trachemys scripta grayi* (Grays Schmuckschildkröte); Mexiko bis W-El Salvador.
▶ *Trachemys scripta hartwegi* (Rio Nazas-Schmuckschildkröte); Mexiko.
▶ *Trachemys scripta hiltoni* (Rio Fuerte-Schmuckschildkröte); Mexiko.
▶ *Trachemys scripta nebulosa* (Baja California-Schmuckschildkröte); NW-Mexiko.
▶ *Trachemys scripta ornata* (Gemalte Schmuckschildkröte); Mexiko.
▶ *Trachemys scripta taylori* (Cuatrocienegas-Schmuckschildkröte, Cuatro Ciénegas-Schmuckschildkröte); Mexiko.
▶ *Trachemys scripta troosti* (Cumberland-Schmuckschildkröte); O-USA.
▶ *Trachemys scripta venusta* (Yucatan-Schmuckschildkröte); Mexiko.
▶ *Trachemys scripta yaquia* (Yaquia-Schmuckschildkröte); Mexiko.

Vorüberlegungen

Wenn Sie Gefallen an diesen Reptilien haben, sollten Sie sich dennoch nicht vorschnell zum Kauf entschließen. Prüfen Sie vorab erst einmal genau, ob Sie die nötigen Voraussetzungen mitbringen, um diese Tiere halten zu können. Denn Tierliebe allein reicht bei weitem nicht aus:

1 Bei guter Pflege können viele Wasserschildkröten zwischen 40 und 60 Jahre alt werden. Sie können damit im wahrsten Sinne des Wortes „eine Anschaffung fürs Leben" sein. Seltenere Arten kann man im Notfall eventuell bei anderen Pflegern unterbringen, häufige Arten, wie z.B. Zier-, Höcker- und Schmuckschildkröten (Chrysemys-, viele Graptemys- und Trachemys-Arten) meistens nicht! In vielen zoologischen Gärten gibt es häufig eine regelrechte Schildkröten-Schwemme. Zoos weigern sich inzwischen, Wasserschildkröten aufzunehmen.

2 Die süßen „Baby-Schildkröten", wie sie üblicherweise im Zoofachhandel angeboten werden, können relativ schnell eine Größe erreichen, die dementsprechend große Aquaterrarien erforderlich macht. Informieren Sie sich in den einzelnen Monografien (Porträt) über die erreichbaren Endgrößen!

3 Auch Schildkröten machen Arbeit. Neben dem täglichen Füttern fallen bei der Haltung in einem Zimmerterrarium verschiedene Pflegemaßnahmen an, z.B. tägliches Entfernen von Futterresten und Wasser-

Auch junge Schnappschildkröten suchen ab und zu Sonnen-badeplätze auf.

und/oder Filterwechsel. Vernachlässigte Wasserschildkröten-Terrarien werden schnell zu einer erheblichen Geruchsbelästigung.

4   Möchten Sie Wasserschildkröten im Freilandterrarium halten, ist stets auf das Klima zu achten, um die Schildkröten bei Temperaturstürzen rechtzeitig in ihr Zimmerterrarium bringen zu können.

5   Wer betreut die Schildkröten im Urlaub, oder wenn Sie aus anderen Gründen verhindert sind? Sie sollten nach Möglichkeit in ihrer gewohnten Umgebung bleiben und dort zuverlässig weiterversorgt werden.

6   Nicht nur die Anschaffung der Schildkröten ist mit Kosten verbunden. Auch die zu ihrer Haltung notwendige Ausstattung belastet den Geldbeutel. Dazu gehört nicht nur das eigentliche Terrarium, sondern auch die notwendigen technischen Geräte und Messinstrumente sowie die Strom- und Futterkosten.

Terrarien

Auch „Wasserschildkröten" sind wie alle anderen Lebewesen an die klimatischen Bedingungen ihres Lebensraums angepasst. Zur erfolgreichen Pflege gehört dazu, ihnen möglichst ähnliche Temperatur- und Lichtverhältnisse zu bieten wie in ihrer natürlichen Umgebung.

Da die Freilandhaltung von Schildkröten in unseren Breiten nur zeitlich begrenzt möglich ist, eventuell bis auf die Europäische Sumpfschildkröte (Emys orbicularis), ist das zusätzliche Bereithalten eines Zimmerterrariums, in dem die Schildkröten vor Wettereinflüssen unabhängig gepflegt werden können, unumgänglich.

Auch Wasserschildkröten wachsen ständig und bleiben nicht immer so klein.

Berechnung der Terrarienmaße für „Wasserschildkröten"

Seit 1977 gibt es ein „Gutachten über die Mindestanforderungen an die Haltung von Reptilien". Darin werden auch die notwendigen Mindestmaße für die meisten Schildkrötengattungen angegeben. Entscheidend für die Größe der Grundfläche sind dabei die Panzerlänge der Schildkröten und die Anzahl der Tiere. Dabei errechnet man die Behälterlänge nach der Panzerlänge (PL) und multipliziert diese mit einer bestimmten Zahl. Die Breite des Behälters ergibt sich aus der Hälfte der errechneten Länge. Für die schwimmfreudigen Arten wird in dem Gutachten immer der Faktor 5 angegeben, für die übrigen Arten genügt der Faktor 4. Zu diesen wenig schwimmfreudigen Arten gehören:
Chelus fimbriata,
Chelydra serpentina,
Claudius angustatus,
Clemys dentata,
Clemys guttata,
Cuora amboinensis,
Cuora trifasciata,
Kinosternon spec.,
Macroclemys temminckii,
Melanochelys spec.,
Platemys spec.,
Platysternon megacephalum,
Sacalia spec.,
Siebenrockiella crassicollis.

EIN BEISPIEL

Die Zier- und Schmuckschildkröten (Chrysemys, Pseudemys, Trachemys) gehören z.B. zu den schwimmfreudigen aktiven Arten. Für zwei Exemplare mit einer PL von jeweils 15 cm benötigen Sie demnach ein Terrarium mit einer Länge von 15 cm x 5 = 75 cm und einer Breite von 37,5 cm. Das Terrarium für zwei Exemplare muss also eine Grundfläche von 75 x 37,5 cm haben. Für alle im Buch genannten Schildkröten ist der erforderliche Landteil noch zuzüglich zu rechnen. Dessen Substrat sollte mindestens so tief sein (besser tiefer!) wie die Panzerlänge der Weibchen, da der Landteil auch gleichzeitig Eiablageplatz ist.

Ist der Landteil – wie beim Standardterrarium – durch einen Steg erreichbar und können die Schildkröten unter dem Landteil auch Luft holen (Luftschicht 5 cm), muss der Landteil nicht zusätzlich hinzugerechnet werden, da er darunter die erforderliche Wasserfläche bietet.

Die Wasserhöhe richtet sich ebenfalls nach der Lebensweise der Schildkröten. In den einzelnen Artmonografien ist die jeweilige Mindest-Wasserhöhe angegeben. Für die genannten Schildkröten wird in dem entsprechenden Gutachten als Wasserhöhe die Formel PB (Panzerbreite) x 2 genannt. Da die erwähnten Schildkröten eine Panzerbreite von 8 cm haben, sollte die Wasserhöhe mindestens 16 cm betragen. Befindet sich darüber der Landteil, und sollten die Schildkröten nicht über den Landteil aus dem Terrarium klettern können, müssen die Wände sie von einer Flucht abhalten können. Dies ist bei glatten Wänden (Glas) etwa bei der 1,5 fachen Panzerlänge der Schildkröten gegeben.

TIPP

Gönnen Sie den Schildkröten gleich ein wesentlich größeres großzügiges Terrarium mit Versteckmöglichkeiten und vielleicht zwei verschiedenen Plätzen über denen ein Strahler zum Sonnebaden einläd.

Für mehrere Schildkröten muss man auch einen größeren Behälter zur Verfügung haben.

Daraus ergibt sich für zwei Schildkröten mit den erwähnten Mindestmaßen ein Terrarium mit folgender Höhe:

22,5 cm über dem Landteil
20,0 cm Landteil/Substrat
 5,0 cm Luftschicht
20,0 cm Wasserhöhe
67,5 cm Terrarienhöhe

Aber verstehen Sie bitte die Mindestmaße wirklich als Mindestmaße. Je größer das Terrarium ist, um so pflegeleichter ist es. Die errechnete Behältergröße gilt auch nur für zwei Schildkröten der betreffenden Art. Für jedes weitere Exemplar müssen mindestens 10 % mehr Grundfläche zur Verfügung stehen, ab der fünften Schildkröte dann 20 % mehr!

Alle Wasserschildkröten müssen problemlos die Wasseroberfläche erreichen können.

CHECKLISTE

Standortwahl

- Der Raum muss gut isoliert sein und
  darf keine Kältebrücken aufweisen,
  da sich dort durch die hohe Luft-
  feuchtigkeit Schimmel bilden kann.

- Der Raum muss trocken, gut zu lüf-
  ten und das Umfeld relativ ruhig
  sein!

- In diesem Raum darf nicht geraucht
  werden!

- Das Terrarium muss an einer trockenen Innenwand stehen, damit sich
  dahinter ebenfalls kein Schimmel
  bilden kann.

- Das Terrrarium darf nicht vor einem
  Heizkörper oder einem Fenster stehen, da die Luftzirkulation beeinträchtigt wird.

- Das Terrarium sollte nicht im
  Schwenkbereich von Türen und
  Fenstern stehen, da das Terrarium
  sonst immer wieder zu einem Hin-
  dernis wird (Glasbruchgefahr)!

Standortwahl

Wo das Terrarium einmal stehen wird, muss
sorgfältig erwogen werden. Denn ist es erst
einmal aufgebaut und eingerichtet, ist ein
Standortwechsel eine äußerst mühsame
Angelegenheit. Bei den Überlegungen für den
richtigen Standort sollten Sie auch bedenken,
dass das Terrarium samt Einrichtung ein
beträchtliches Gewicht erreichen wird. Bei
Altbauwohnungen kann dies eventuell zu
Problemen führen. Sicherheitshalber sollten
Sie sich daher nach der Tragfähigkeit des
Bodens erkundigen. Darüber hinaus gibt es
grundsätzlich einige Standorte, die nicht für
das Aufstellen von Terrarien, insbesondere
Aquaterrarien geeignet sind.

PHASE	SCHRITT	KOMMENTAR
Planung	Standort klären	Größe und Abmessung des Beckens
	Gewünschten Terrarientyp festlegen	Benötigte Technik, Einrichtung und Dekoration
	Verschiedene Zoohändler, Schildkröten-Halter aufsuchen	Angebote und Preise vergleichen
	Maßstäbliche Skizze anfertigen	Überblick über Einrichtungsmaterial und optische Wirkung
Einkauf	Erstellen einer Einkaufsliste mit Preisen	Übersicht über Anschaffungskosten
	In aller Ruhe einkaufen	Vermeidung von Fehlkäufen
Einrichtung	Bodengrund in der richtigen Menge bereitstellen und auf Zimmertemperatur anwärmen lassen	Vermeidung von zu großen Temperatursprüngen, vor allem bei Glasböden
	Einrichtungsgegenstände gründlich reinigen	Vorbereitung des Materials
	Einrichten nach der Schritt-für-Schritt-Anweisung	Verhindert unnötige Arbeitsschritte und Korrekturen
„Einfahren"	Kontrolle der Zeitschaltuhr(en), Thermometer und Hygrometer.	Vermeidet technische Pannen nach dem Einsetzen der Landschildkröten
	Anlegen eines Terrarien-Tagebuches mit den festgestellten Werten (Temperatur, rel. Luftfeuchtigkeit)	„Gedächnisstütze" für später vielleicht auftretende Probleme oder Verhaltensweisen (Balz, Eiablage etc.)

Grundbauplan eines Flussuferterrariums. Links ist der Landteil (Sand einfüllen), rechts der Wasserteil

Behälterwahl

Für Sumpf- und Wasserschildkröten sind die im Handel erhältlichen Terrarien nur bedingt geeignet, da sie von ihrem Aufbau her eher für Landbewohner konzipiert wurden. Normale Aquarien sind für diese Schildkröten dagegen ideal.

Im Handel gibt es Aquarien in sehr unterschiedlichen Größen, so dass entsprechende Behälter sicherlich zu finden sind. Es ist auch nicht schwierig, sich mit Silikon und maßgerecht geschnittenen Glasscheiben ein Aquaterrarium selbst zu bauen oder sich ein Aquarium nach eigenen Maßangaben bauen zu lassen, zumal man dann unabhängig von den käuflichen Maßen ist. Die meisten Glaser können ihnen ebenfalls mit Silikonkautschuk ein Aquarium in den erforderlichen Maßen fertigen. Sparen Sie aber bitte nicht an der Glasstärke!

Hilfsmittel und Messinstrumente

Die meisten Schildkrötenarten sind tagsüber aktiv und benötigen zu ihrem Wohlbefinden bestimmte Temperaturen und genügend Licht. Lediglich einige Wasserschildkrötenarten können bei Zimmertemperaturen und ohne zusätzliche künstliche Beleuchtung gehalten werden. Hierzu gehören jene Arten, die auch in der Natur tagsüber versteckt bleiben und erst mit Einbruch der Dämmerung aktiv werden oder aber überhaupt eine sehr versteckte Lebensweise führen. Zu jenen Schildkröten gehören z.B. Kinosterniden, aber auch die Schnappschildkröte *(Chelydra serpentina)*, Geierschildkröte *(Macroclemys temminckii)* und die Fransenschildkröte *(Chelus fimbriata)*.

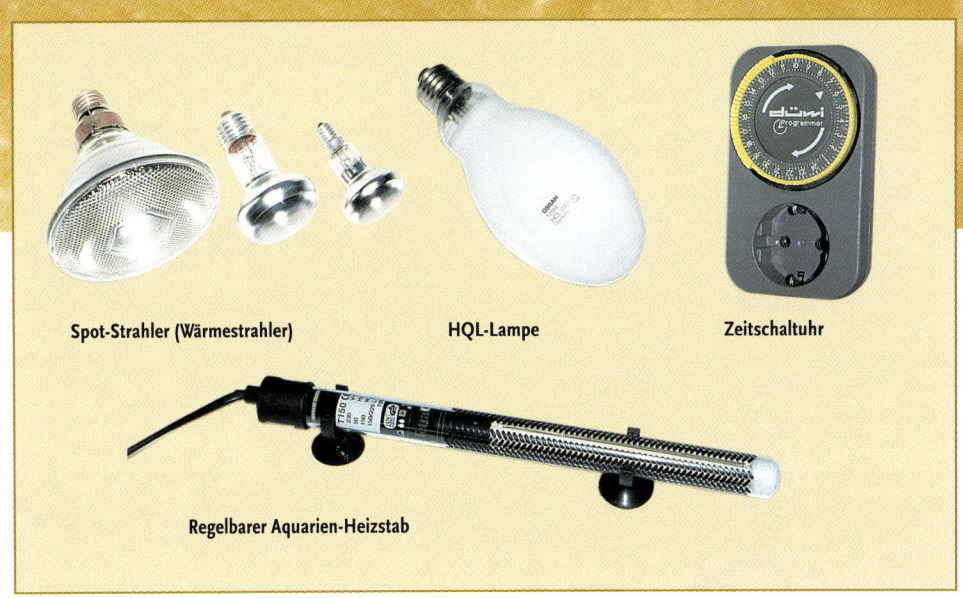

Spot-Strahler (Wärmestrahler)   HQL-Lampe   Zeitschaltuhr

Regelbarer Aquarien-Heizstab

Bei der Haltung der übrigen Arten im Terrarium ist man daher unbedingt auf Kunstlicht angewiesen. Und um die benötigten Temperaturen zu garantieren, auch auf künstliche Heizquellen. Darüber hinaus sind einige Messgeräte notwendig, die uns stets einen Überblick über das „Terrarienklima" ermöglichen.

Um die Schildkröten artgerecht zu halten, sollte man sich über die Klimaverhältnisse in ihrer Heimat ein Bild machen (Klimaatlas, Klimainfo). Anschließend erstellt man einen Plan über den klimatischen Jahresrhythmus und steuert danach mit Hilfe einer Zeitschaltuhr die Beleuchtungszeiten und Temperaturen.

Nachfolgend ein paar Tipps, worauf Sie als Neuling bei der Anschaffung und Installation des technischen Zubehörs achten sollten.

BELEUCHTUNG

Die meisten Terrarien werden mit Leuchtstofflampen beleuchtet. Bei ihnen handelt es sich immer noch um die kostengünstigsten Lichtquellen. Dabei sollten Sie jedoch darauf achten, dass das ausgestrahlte Licht dem Tageslicht möglichst nahe kommt. Achten Sie bei der Auswahl der Fabrikate darauf. Die Lichtfarbe oder Farbwiedergabe wird als so genannter Ra-Index angegeben. Er umfasst eine Skala von 0–100, wobei die höchste Zahl die beste Farbwiedergabe bedeutet. Auch die kostspieligeren Halogen-Metalldampflampen (HQI) haben ein sehr natürliches Farbspektrum. Sie sind ab einer 70-W-Leistung empfehlenswert. Leider geben sie neben UV-A- und UV-B-Strahlen auch die für Menschen gefährliche UV-C-Strahlen ab. Sie sind daher nur mit einer UV-Schutzscheibe in Betrieb zu nehmen.

Ebenfalls häufig eingesetzt werden Quecksilberdampf-Hochdrucklampen (HQL). Bei ihnen liegt die Farbtemperatur jedoch zwischen 2900 und 4100 K, so dass sie nur in Kombination mit anderen Lampen sinnvoll sind. Denn Tageslicht besitzt eine Farbtemperatur von 4500 bis 6500 K und diese sollte auch ungefähr immitiert werden.

WÄRMESTRAHLER

Bei der Haltung von „Sumpf- und Wasserschildkröten" sind Wärmestrahler unentbehr-
lich. Denn ihre Licht- und Wärmekegel werden gerne von den Schildkröten aufgesucht,
um ein ausgiebiges Sonnenbad zu nehmen.
Langlebig sind die Fabrikate PHILIPS PAR 38
EC spot Engstrahler 60 W und OSRAM CON-
CENTRA PAR 38 EC 60sPEC und deshalb den
preiswerteren Strahlern vorzuziehen. Durch
den Abstand des Strahlers vom Sonnenbade-
platz regelt man die Temperatur. Für alle
Sumpf- und Wasserschildkröten sind unter
den Strahlern Temperaturen von etwa 35–
38 °C zu empfehlen.

HEIZUNG

Aquarien-Heizstäbe sind zur Beheizung des
Wasserteils gut geeignet. Errechnen Sie vor
dem Kauf des Heizstabs das Wasservolumen
und lassen Sie sich von einem Zoofachhänd-
ler errechnen, welche Wattstärke der Heizstab haben muss. Leider stören die vom
Heizstab abgehenden Stromkabel, so dass
man sie geschickt in einer Ecke des Aquater-
rariums verlegen und mit Isolierband fixieren
muss.

THERMOMETER

Die erforderlichen Thermometer zur Kontrolle von Luft- und Wassertemperaturen sind im

Flussuferbewohnende Wasserschildkröten in ihrem Lebensraum

Aquaterrarium selbstverständlich so zu installieren, dass sie leicht abzulesen sind. Um die mittleren Werte in dem Behälter zu erfahren, kann es auch sinnvoll sein, je ein Thermometer im Wasser- und auf dem Landteil anzubringen.

FILTERUNG

Durch Futterreste und Ausscheidungen der Schildkröten wird das Wasser im Terrarium ständig belastet. Damit das Wasser geruchsfrei bleibt, müssen diese Schwebstoffe ständig aus dem Wasser herausgefiltert werden. Daher sind Außenfilter, wie sie für Aquarien verwendet werden, auch für das Aquaterrari-

um geeignet. Ein Innenfilter würde außerdem den Wasserteil unnötig verringern.

Den Ausströmer des Außenfilters richtet man so über dem Wasserteil aus, dass das von der Pumpe zurückströmende Wasser in den Wasserteil hineinplätschert und Strömungen vermieden werden. Wen das Geräusch stört, der kann den Ausströmer auch auf eine liegende Steinplatte richten, sodass das Wasser darüber in den Wasserteil zurückläuft. So vermeidet man starke Strömungen.

Besonders gut geeignet sind Außenfilter mit eingebauter Heizung. Dadurch erübrigt sich der häufig störende Aquarien-Heizstab.

Terrarientypen

Die in diesem Buch vorgestellten „Wasser-schildkröten" lassen sich zwei unterschiedlichen Gruppen zuordnen. Dabei richtet sich die Gruppenzugehörigkeit nach der Lebensweise der jeweiligen Art. So gibt es Arten, die so gut wie kaum oder gar nicht schwimmen können und sich deshalb in flachen Kleingewässern oder in den Flachwasserzonen größerer Gewässer aufhalten. Demgegenüber steht die weitaus größere Gruppe jener Schildkröten, die nicht nur ausgezeichnet schwimmen, sondern auch tauchen können. Für die Unterbringung aller im und am Wasser lebenden Schildkröten genügt daher ein Aquarium, das neben dem Wasser- auch einen Landteil besitzt. Deshalb werden diese Terrarien auch als „Aquaterrarien" bezeichnet.

Die Tiefe des Wasserteils wird dabei – wie bereits erwähnt – durch die darin zu pflegende Art bestimmt.

Der Landteil muss zwei Dinge gewährleisten, er muss Flächen bieten, auf denen die Schildkröten ihre Sonnenbäder nehmen können, und er muss den Weibchen einen oder mehrere mögliche Eiablageplätze zur Verfügung stellen. Eiablageplätze müssen sich immer über dem Wasserteil befinden, daher haben viele Halter von Sumpf- und Wasserschildkröten ein „Standardbecken" für jene Schildkröten entwickelt. Bei diesen Aquaterrarien befindet sich der Landteil etwas über dem Wasserteil und kann durch einen Steg erreicht werden. Der Platz unter dem Landteil kann außerdem von den Schildkröten als Versteckmöglichkeit genutzt werden. Solche Standardbecken sind für alle in diesem Buch aufgeführten Arten geeignet. Dabei kann die Einrichtung eher sachlich und zweckdienlich sein, oder aber mit viel Fantasie einem Ausschnitt aus einem natürlichen Lebensraum nachempfunden werden.

Der Landteil muss leicht erreichbar sein.

Der Landteil muss sich über der Wasseroberfläche befinden.

Jungtiere und Halbwüchsige, bei denen noch keine Eiablagen zu erwarten sind, benötigen nur eine einfache Insel oder einen aus dem Wasser ragenden Ast, um darauf Sonnenbäder nehmen zu können. Aber auch derart einfache Behälter können recht geschmackvoll eingerichtet sein!

In der Regel verzichtet man darauf, auf den Grund des Wasserteils Bodensubstrat zu geben. Dies ist aus optischen Gründen höchstens bei großen Schauterrarien der Fall oder bei Weichschildkröten, die zu ihrem Wohlbefinden gerne eine Sandschicht vorfinden möchten, die etwa doppelt so hoch wie ihr Panzer sein sollte! Dabei darf man jedoch lediglich gut ausgewaschenen rundkörnigen Sand verwenden.

Zimmerterrarien

Einfaches Aquaterrarium

Für Jungtiere und halbwüchsige Sumpf- und Wasserschildkröten genügen einfache Aqua-

terrarien, die man mit wenig Aufwand einrichten aber auch wieder ausräumen und reinigen kann. Dazu genügen Aquarien, ein Wärmestrahler und eine geeignete Insel (flache Steine, Wurzel oder halbrunde Rindenstücke.

EINRICHTEN SCHRITT FÜR SCHRITT
1   Legen Sie an den vorbestimmten Platz eine mindestens 5 mm starke Styroporplatte und stellen Sie darauf das Aquarium!
2   Legen Sie nun die gut abgewaschene(n) Steinplatte(n), Wurzel oder das Rindenstück auf den Boden des Behälters.
3   Füllen Sie anschließend vortemperiertes Wasser so weit auf wie bei den Schildkröten erforderlich (Achten Sie auf die Mindest-Wasserhöhe in der Artmonografie!). Die Tiere müssen problemlos aus dem Wasser klettern können.
4   Installieren Sie nun Heizung, Lampen und Zeitschaltuhren und kontrollieren Sie zwei Tage, ob alles gut funktioniert, bevor Sie die Tiere einsetzen.

A: In die Mitte des Freilandterrariums gräbt man eine Mulde. In der Umfriedung befindet sich die Lücke für das spätere Sichtfenster.

B: Anschließend breitet man das Schutzvlies und darüber die Teichfolie aus und füllt die Mulde mit Wasser.

Flussufer-Terrarium

Bei diesen Aquaterrarien ist der Wasserstand wesentlich höher als bei dem einfachen Aquaterrarium. Dabei richtet sich die Wasserhöhe ebenfalls nach der in den Artmonografien angegebenen Mindesthöhe. Flachwasserbewohner können bequem darin auf dem Boden laufen und leicht an der Oberfläche Luft holen, gute Schwimmer und Taucher alle Ebenen des Wasserteils erkunden und nach Futter suchen. Der höher liegende Landteil ist gleichzeitig Eiablageplatz und muss über eine rutschfesten Steg einfach für die Schildkröten erreichbar sein. Dabei kann der Landteil z.B. auf Tonziegelsteinen stehen. Mindestens 1 Wärmestrahler sollte auf den Steg gerichtet sein, sodass sich die Schildkröten außerhalb des Wassers aufwärmen und dabei völlig abtrocknen können. Werden Weichschildkröten gepflegt, muss vor dem Einfüllen des Wassers erst die Sandschicht eingebracht werden!

EINRICHTEN SCHRITT FÜR SCHRITT

1 Legen Sie an den vorgesehenen Platz eine mindestens 5 mm starke Styroporplatte und stellen Sie darauf das Aquarium/ Aquaterrarium.

2 Stellen Sie Ziegelsteine o.Ä. so auf den Boden des Behälters, dass der darauf gestellte Landteil sich später deutlich über dem Wasserspiegel befindet!

3 Füllen Sie nun das Substrat in den auch für die Eiablage vorgesehenen Landteil (z.B. Sand), bis die notwendige Höhe erreicht wird.

4 Installieren Sie nun die Filteranlage, Aquarienheizstab etc., ohne sie in Betrieb zu nehmen.

5 Füllen Sie vortemperiertes Wasser bis zur gewünschten Höhe auf.

6 Installieren Sie nun Lampen und Zeitschaltuhr. Nehmen Sie anschließend die technischen Anlagen in Betrieb und kontrollieren Sie nun zwei Tage, ob alles gut funktioniert, bevor Sie die Schildkröten einsetzen.

C: Den Uferrand bestimmt man durch die Höhe der Teichfolie. Dahinter beginnt der Landteil.

D: Den Uferbereich kaschiert man mit Grasplatten, die bald aneinander wachsen.

Das Freilandterrarium (F)

Der Vorteil eines Freilandterrariums liegt einmal darin, dass man den Schildkröten eine wesentlich größere Fläche zur Verfügung stellen kann als in einer gewöhnlichen Wohnung oder einem Haus. Außerdem sind die Tiere im Freilandterrarium dem natürlichen Klima ausgesetzt, der frischen Luft und dem ungefilterten Sonnenlicht. Nach langjähriger Erfahrung weiß ich, dass man Europäische Sumpfschildkröten (E. orbicularis) in großzügigen Freilandanlagen, möglichst mit verschiedenen Kleingewässern, sogar das ganze Jahr über darin halten kann. Hier kommt es auch in jedem Jahr zu Eiablagen, da diese Haltung dem Bio-Rhythmus der Tiere am nächsten kommt. Die übrigen Arten können – je nach Temperaturansprüchen – zumindest einige Monate in einer Freilandanlage verbleiben.

STANDORT UND UMFRIEDUNG

Für die Freilandanlage ist unbedingt ein Standort zu wählen, der möglichst lange dem Sonnenlicht ausgesetzt ist. Daher ist die Südseite eines Gartens – ohne schattenbildende Hindernisse – besonders gut geeignet.

Außerdem ist unbedingt darauf zu achten, dass die Schildkröten nicht ständig Abgasen, Lärm oder anderen Umweltstörungen ausgesetzt sind. Das Freilandterrarium sollte deshalb z.B. auch nicht direkt an einer stark befahrenen Straße angelegt werden. Damit die Schildkröten nicht entweichen können, muss die Anlage rundum eingefriedet werden. Außerdem muss die Umfriedung so tief in den Boden reichen, dass auch keine Maulwürfe oder Wühlmäuse hineingelangen können.

Als Material für die Umfriedung eignen sich besonders gut Holzbretter, Vierkant- oder Rundhölzer. Aber auch mit einer Ziegelmauer kann die Anlage umfriedet sein. Sie lässt sich bei Bedarf jedoch nicht wieder so einfach entfernen. Da die Schildkröten ausgezeichnet klettern können, muss die Umfriedung oben eine nach innen ragende Abschlussleiste haben, damit die Tiere nicht daran emporklettern können. Es ist wirklich bemerkenswert, welche Höhen Schildkröten kletternd überwinden können.

Viele Zoos wissen nicht mehr wohin mit den abgegebenen oder ausgesetzten Schmuckschildkröten.

DER TEICH

Für unsere Zwecke hat sich das Anlegen eines Folienteichs am besten bewährt. Dabei ist man nicht nur in der Lage den Teich fast in jeder beliebigen Größe anzulegen, sondern man kann auch bestimmen, wie groß die jeweiligen Flachwasserbereiche sein sollen und ist an keine feste Form gebunden. Die Größe des Teichs richtet sich nicht nur nach der zur Verfügung stehenden Fläche. Man sollte auch beachten, dass ein großer Teich mit guter Bepflanzung noch eine gewisse Selbstreinigungskraft besitzt. Andererseits verlieren sich wenige Schildkröten in einem zu großen Teich. Die Wassertiefe richtet sich

nach den darin später gehaltenen Arten und sollte zumindest für ganzjährig im Freiland gehaltene Europäische Sumpfschildkröten (Emys orbicularis) an der tiefsten Stelle mindestens 100 cm betragen.

Für Schildkröten, die kaum schwimmen und mehr auf dem Gewässergrund wandern, sind vor allem die Flachwasserbereiche wichtig.

DER LANDTEIL

Für Sumpf- und Wasserschildkröten ist der Landteil zweitrangig. Die meisten Sumpf- und Wasserschildkröten benutzen ihn lediglich für Sonnenbäder und zur Eiablage. Der Landteil kann daher als Uferbereich

Großzügig bepflanztes Terrarium. Im Wasserteil leben Tropfenschildkröten (Clemmys guttata).

gestaltet werden, d.h., er steigt vom Teichrand aus langsam an und bietet so auch völlig trockene Stellen.

Vor allem in Freilandterrarien geraten Schildkröten häufig in Fortpflanzungsstimmung, und es kommt zu Paarungen und Eiablagen. Die Weibchen vergraben ihre Gelege bevorzugt an etwas höher gelegenen Stellen, weil die Gelege dort selbst nach heftigen Regenfällen besser geschützt sind, da das Wasser dort oberflächlich abfließen kann. Es ist daher sinnvoll, innerhalb des Freilandterrariums an einer sonnenexponierten Stelle mit dem Aushub der Teichmulde einen Hügel anzulegen. Damit die Schildkröten beim Graben der Nistkammer nicht ständig auf Hindernisse stoßen, entfernt man daraus die Steine und Wurzelstücke.

▶ TERRARIENTYP	▶ EINRICHTUNG	▶ ZWECK
Einfaches Aquaterrarium	Flache Steine, Wurzel oder Rindenstück als Landteil, Wärmestrahler über dem Landteil.	Aufzucht- oder Quarantänebecken.
Flussufer-Terrarium	Flacher Wasserteil, Landteil über dem Wasserteil, Steg oder Stege als Zugang. Wärmestrahler über dem Steg.	Aquaterrarium für Flachwasserbewohner (z.B. für Schnappschildkröten, Geierschildkröte).
	Hoher Wasserteil, Landteil über dem Wasserteil, Steg oder Stege als Zugang. Über dem Steg und evtl. Landteil Wärmestrahler	Aquaterrarium für gut schwimmende und tauchende Wasserschildkröten (z.B. Chrysemys, Pseudemys).
	Hoher Wasserteil, Landteil über dem Wasserteil, Steg oder Stege als Zugang. Über dem Wasserspiegel und einem Steg einen Wärmestrahler. Sandschicht als Bodengrund.	Aquaterrarium für Weichschildkröten.
Freilandterrarium (ausbruchsicher umfriedeter, südlich gelegener Teil des Gartens)	Teich mit Flachwasserzonen, Eiablageplätzen, Sonnenbadeplätzen.	Sommeraufenthalt für Wasserschildkröten.
	Großzügiger Teich mit großzügigen Flachwasserzonen (zum Teil mehr als 1 m tief), Eiablageplätze, Sonnenbadeplätze.	Ganzjährige Haltung von Europäischen Sumpfschildkröten (Emys orbicularis).

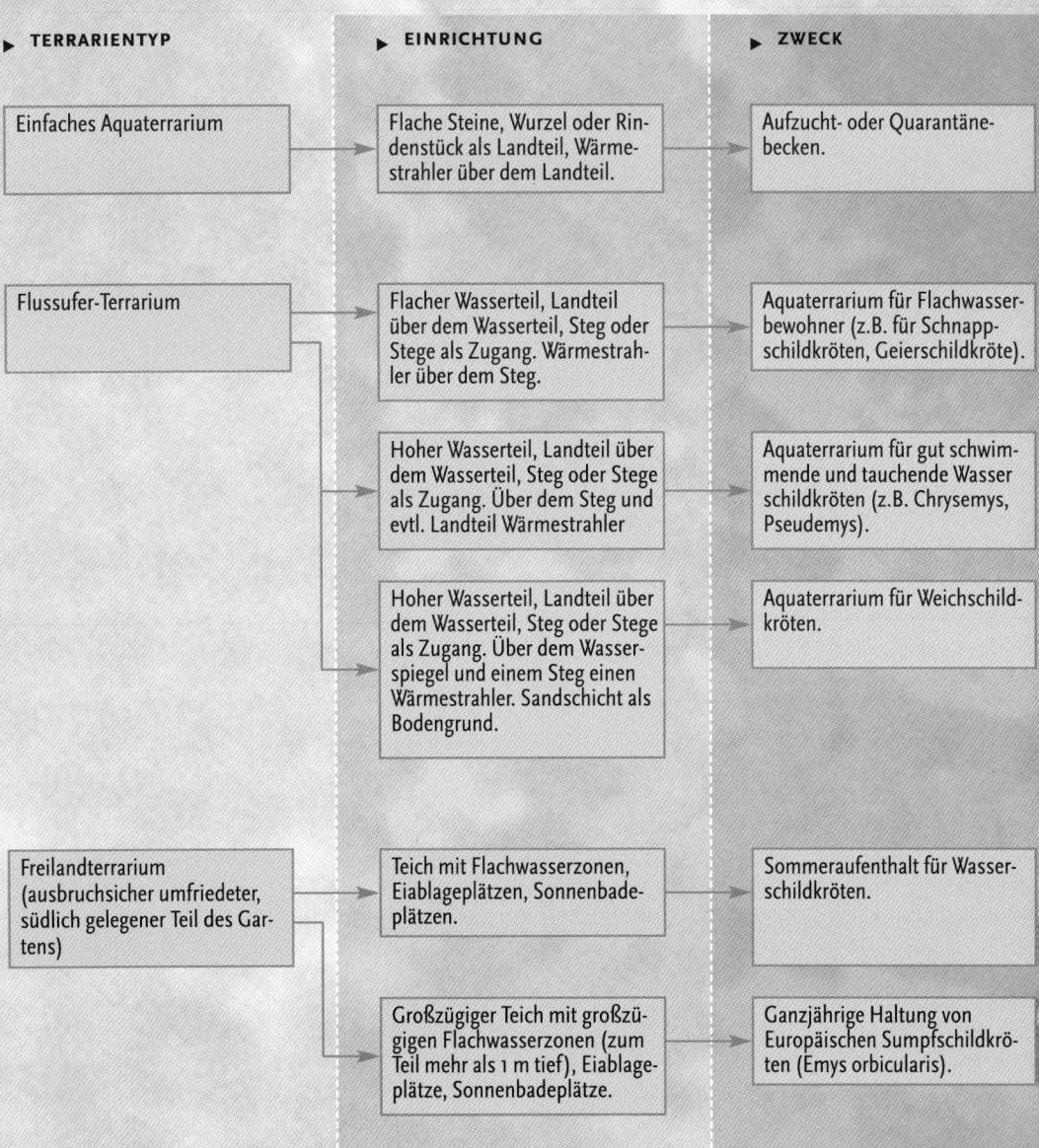

Schwimmpflanzen bieten Sichtschutz und Aufsitzmöglichkeiten.

Die meisten Aquaterrarien für Wasserschildkröten sind so eingerichtet, dass sie möglichst leicht zu pflegen sind. Lediglich bei größeren Anlagen und in Freilandterrarien machen sich die Pfleger auch Gedanken darüber, welche Pflanzen das Aquaterrarium auch zu einem Blickfang werden lassen.

Da einige Sumpf- und Wasserschildkröten auch Pflanzen fressen, sind die zur Dekoration vorgesehenen Pflanzen so zu kultivieren, dass sie von den Schildkröten nicht erreicht werden können. Deshalb lässt man jene Pflanzen zum Beispiel aus einem Pflanzen-kasten oberhalb des Terrariums herabwachsen (Ampelpflanzen) oder kultiviert sie beispielsweise als Epiphyten auf einem hierzu geeigneten Ast, ein Wurzelstück o. Ä. Und weil Schildkröten bei einem vorhandenen Bodengrund am Grund des Wasserteils sehr stark wühlen würden, bieten sich darin höchstens solche Pflanzen an, die frei im Wasser schwimmen. Für Freilandterrarien eignen sich vor allem niedrig wachsende Arten, da eine größere Ansammlung höher wachsender Pflanzen unnötig Schatten bilden. Bei kleineren Freilandteichen ist auch auf Seerosen und Laichkräuter *(Potamogeton spec.)* zu verzichten, da ihre Schwimmblätter bald die Wasseroberfläche bedecken und das Wasser zu sehr beschatten! Einige bewährte Pflanzen werden auf den folgenden Seiten vorgestellt.

Zierliches Zypergras
Cyperus gracilis

TYP Sumpfpflanze.
HEIMAT Australien.
HÖHE 20–25 cm.
STANDORT Sonnig.
BEMERKUNGEN Kann in einen feuchten Ufer-
bereich gepflanzt werden, den die Schildkrö-
ten nicht erreichen können.

Baumfreund, Kletter-Philo
Philodendron spec.

TYP Ampelpflanze.
HEIMAT Mittelamerika.
HÖHE Bis 2 m.
STANDORT Halbschattig bis schattig aber
hell.
BEMERKUNGEN Diese Kletterpflanze kann
aus einem höher hängenden Pflanzenkasten
herabwachsen.

Kletter-Ficus
Ficus pumila

TYP Ampelpflanze, Kletterpflanze.
HEIMAT Mittel- und Südamerika.
HÖHE 40–60 cm.
STANDORT Indirektes Licht.
BEMERKUNGEN Eignet sich als Kletterpflanze an Epiphytenstämmen und Rückwänden. Kann aber auch aus einem höher hängenden Pflanzenkasten herabwachsen.

Efeutute
Scindapsus auratus

TYP Ampelpflanze, Kletterpflanze.
HEIMAT Mittelamerika.
HÖHE Bis 2 m.
STANDORT Hell bis halbschattig.
BEMERKUNGEN Kann wie Philodendron herabwachsend kultiviert werden (z.B. aus einem Pflanzenkasten oder Epiphytenstamm).

Dreimasterblume, Tradeskantie
Tradescantia spec.

TYP Ampelpflanze, Kletterpflanze.
HEIMAT Mittel- und Südamerika.
HÖHE Bis 50 cm.
STANDORT Indirektes Licht.
BEMERKUNGEN Werden häufig als Ampelpflanzen kultiviert. Können aus einem Pflanzenkasten herabwachsen. Besonders empfehlenswert sind *Tradenscantia fluminensis* und *T. zebrina*.

Nestrosette, Nidularie
Nidularium spec.

TYP Landpflanze.
HEIMAT Mittel- und Südamerika.
HÖHE 30–40 cm.
STANDORT Schatten.
BEMERKUNGEN Diese attraktive Bromelie kann man in einem Blumentopf an einem Epiphytenstamm befestigen und den Blumentopf mit Moos o.Ä. kaschieren. Täglich besprühen!

Tillandsie, Luftnelke
Tillandsia spec.

TYP Epiphyt.
HEIMAT Mittel- und Südamerika
HÖHE 10–15 cm.
STANDORT Indirektes Licht.
BEMERKUNGEN Können auf einem Ast oder einer Wurzel kultiviert werden. Täglich 1–2-mal sprühen. Besonders bewährt haben sich *Tillandsia brachycaulos* und *T. bulbosa*. Ebenfalls sehr attraktiv ist *Tillandsia usneoides*, die an Bartflechten erinnert.

Froschlöffel
Alisma plantago-aquatica

TYP Sumpfpflanze.
HEIMAT Europa.
HÖHE Blätter bis 15 cm.
STANDORT Sonnig.
BEMERKUNGEN Solitärpflanze für den Flach-
wasserbereich. Blütenstand rispig, in Stock-
werke gegliedert. Blüten weiß bis rosa.

Sumpfdotterblume
Caltha palustris

TYP Sumpfpflanze.
HEIMAT Europa.
HÖHE Bis 30 cm.
BEMERKUNGEN Schöne gelb blühende
Solitärpflanze für die Flachwasserzone, bzw.
Übergang zum Uferbereich. Wächst niedrig
und wird nicht gefressen!

Wasserhahnenfuß
Ranunculus aquatilis

TYP Wasserpflanze.
HEIMAT Europa.
LÄNGE Bis 2 m.
BEMERKUNGEN Frei schwimmende Pflanze
mit feinfiedrigen Unterwasserblättern. Bildet
auch breite Schwimmblätter aus, die auf dem
Wasser schwimmen. Die weißen Blüten sit-
zen auf Stielchen, die einige Zentimeter aus
dem Wasser ragen!

Mit den Krallen wird die Beute festgehalten und ein Stück heraus gerissen.

Im Gegensatz zu Landschildkröten ernähren sich Wasserschildkröten in einem großen Maße von tierischen Eiweißen. Dabei hängt das konkrete Ausmaß von der jeweiligen Art ab. Lediglich von *Morenia petersi* und einigen anderen Arten ist bekannt, dass sie sich vorwiegend von Pflanzen ernähren.

Im Verlauf ihres Lebens können sich bei vielen Arten die Ernährungsgewohnheiten ändern. Vor allem Jungtiere nehmen meist ausschließlich animalische Kost zu sich. Zu ihrer Beute gehören Würmer, Kleinkrebse, Insekten und deren Larven, Schnecken und Muscheln, Fisch- und Amphibienlaich sowie -larven, kleine Fische und Amphibien. In ihrer Nahrung sind neben Eiweißen, Kohlenhydraten und Fetten auch Vitamine und Mineralien. Reine Fleischfresser nehmen Kohlenhydrate aber auch Vitamine pflanzlichen

Ursprungs oft mit dem Mageninhalt ihrer Beutetiere auf. Ihre notwendigen Calziumgaben bekommen sie vor allem durch den Verzehr von Schnecken und Krebsen. Mit fortgeschrittener Größe fressen etliche Arten auch pflanzliche Kost, daneben gehen sie ebenso an Aas und Kot von Säugetieren.

In der Natur ist die Nahrungszusammensetzung saisonal verschieden. Je nach Jahreszeit vermehren sich plötzlich Kleinkrebse stark und bilden eine leicht erreichbare Beute oder bestimmte Pflanzen, die zum Nahrungsspektrum der Schildkröten gehören, haben ihre Hauptwachstumszeit.

Schildkröten können in Menschenobhut auch lernen, dass bestimmte Stoffe als Nahrung dienen können. So nehmen sie zum Beispiel nach einer Gewöhnungsphase auchTrockenfutterpellets etc. an.

Anschließend schwimmt die Schildkröte damit in Sicherheit, um sie in Ruhe verzehren zu können.

Futter für Fleischfresser

Manchmal werden Wasserschildkröten lediglich mit Rindfleischstückchen, Pute (und anderem Geflügel) gefüttert. Diese ausschließlich animalische Nahrung ist reich an Phosphor (P), jedoch arm an Calzium (Ca). Da auch die im und am Wasser lebenden Schildkröten zum problemlosen Aufbau von Skelett und Panzer reichlich Calzium benötigen, kann Calziummangel zu erheblichen Problemen führen.

Regen- und Tauwürmer sind als Futter bestens geeignet. Man kann sie fast jederzeit in Anglerbedarfsgeschäften kaufen oder selbst im Garten beim Umgraben des Erdbodens sammeln, Sie sind nicht nur nahrhaft (Eiweiße, Fette), sondern enthalten in ihrem Verdauungstrakt auch reichlich Vitamine und Mineralien. Man gibt die Würmer einfach in das Wasser, möglichst in das Blickfeld der Schildkröte. Durch die Bewegungen der Würmer werden die Schildkröten animiert, danach zu schnappen.

Im Wechsel mit dem Wurmfutter kann man den Schildkröten auch Rindfleischstückchen anbieten. Diese müssen jedoch vorher großzügig mit einem Calziumpräparat bestäubt und dadurch aufgewertet werden. Abzuraten ist von rohem Geflügelfleisch, da es möglicherweise mit Salmonellen belastet ist.

Fleischstückchen reicht man am besten mit einer langen Pinzette oder einem Futterstock, damit man einen Überblick hat, ob alle Tiere gleichmäßig Futter erhalten. Bei bissigen Schildkröten spießt man die Fleischbrocken auf die Spitze eines langen Stocks und reicht sie so den Schildkröten auf eine sichere Distanz. Fleisch sollte man am besten gleich portionsweise einfrieren. Es muss aber vor dem Verfüttern unbedingt wieder vollständig aufgetaut sein. Als Futter für Jungtiere eignen sich neben kleineren Regenwürmern auch Mückenlarven und Kleinkrebse, wie z.B. Wasserflöhe, Hüpferlinge oder Bachflohkrebse.

Vorsicht beim Füttern mit Fisch
Auch Fisch wird gerne von Wasserschildkröten gefressen. Aber Vorsicht! Fisch darf
nicht zu oft gefüttert werden, da er das
Enzym Thiaminase enthält. Dieses Enzym
verhindert die Aufnahme von Vitamin B,
was schließlich zu einem Vitamin B-Mangel führen kann. Außerdem können ölrei-
che Fischsorten u. A. zu einer Fettleber
führen!

Zahm gewordene Schildkröten lassen sich auch von Hand
füttern.

Pflanzliche Kost
Lässt man im Wasserteil des Zimmerterrariums und im Teich des Freilandterrariums
einige Wasserpflanzen treiben, wird man bald
feststellen, ob einige davon auch den Schildkröten schmecken. Versuchsweise kann man
Sumpf- und Wasserschildkröten auch einmal
Spinat-, Salat-, Kohl- und Löwenzahnblätter
anbieten. Viele amerikanische Schmuck-
schildkrötenarten vertilgen beachtliche Men-
gen davon!
Verfüttern Sie nur ungespritzte Pflanzenteile
und pflücken Sie Wildkräuter nie auf gedüng-
ten Weiden oder in der Nähe von stark befahrenen Straßen.

Besonders leicht ist das Verfüttern von Futtersticks, die man oft in Gartencentern erhält,
und die für Teichfische vorgesehen sind. Diese Pellets schwimmen lange auf der Wasseroberfläche und werden gewöhnlich sehr gerne von den Schildkröten gefressen. Die gleichen Futtersticks werden oft auch in anderen
Verpackungen als „Schildkrötenfutter" ver-
kauft, sind dann jedoch wesentlich teurer.

Das Universalfutter: Geleefutter!
Viele Schildkrötenhalter, vor allem wenn sie
Sumpf- und Wasserschildkröten halten, stel-

Die Blätter von Seerosen werden von einigen Arten ebenfalls nicht verschmäht.

der Urlaubszeit. Denn es ist nicht jeder Urlaubsvertretung zuzumuten, den Wasserschildkröten Regenwümer, Schnecken oder Ähnliches zu geben.

Die Wahl der Zutaten richtet sich danach, ob es sich bei den Pfleglingen um vorwiegend Fleischfresser, Pflanzenfresser oder Gemischtköstler handelt. Das folgende Rezept ist bitte als Grundrezept zu verstehen, denn – wie bereits erwähnt – kann man die Zutaten variieren.

Zutaten für 3–4 l Geleefutter:
½ Liter Milch (1,5 % Fettgehalt)
2 Eier
½ kg Obst und Gemüse
½ kg Rindfleisch
½ kg Süßwasserfisch, Fischmehl oder Garnelenschrot
10 Tropfen Vitamin-Präparat (z.B. Multibionta, Multimulsin)
2 Esslöffel Mineralstoffe (z.B. Vitakalk®, ZVT-Korvimin®
250 g Speisegelatine in Aspikqualität (je Liter 50–60 g)
¾ bis 1 Liter Wasser.

Zubereitung:
Etwa 1–2 Stunden vor der eigentlichen Arbeit legt man die Gelatine in etwa ¼ Liter kühles Wasser und lässt sie aufquellen.
Nun zerkleinert man alle festen Zutaten mit etwas Milch im Mixer zu einem Brei. Anschließend rührt man die Eier unter den Brei, langsam die restliche Milch und ¼ bis ½ Liter Wasser, bis der Brei jetzt Ähnlichkeit mit einer dickflüssigen Suppe hat.
Nun erwärmt man mit einem weiteren ½ Liter Wasser die Gelatinelösung auf etwa 70 bis 80 °C und rührt dort den Futterbrei hinein.

len für ihre Pfleglinge ein eigenes Futter her. Dabei haben sie den Vorteil, über die Zusammensetzung und Zutaten selbst entscheiden zu können und dadurch Einfluss zu nehmen. Dieses Futter ist als „Geleefutter" aber auch als „Schildkrötenpudding" bekannt. Dieses Fertigfutter ist auch besonders hilfreich in

Bei der Handfütterung hat man eine gute Kontrolle über die aufgenommene Nahrungsmenge.

Anschließend lässt man das Gelatinefutter bis auf etwa 30 °C abkühlen und fügt nun die Mineralstoffe und Vitamine hinzu.
Die jetzt entstandene dickflüssige Masse füllt man in flache Kunststoffschalen und lässt sie an einer erschütterungsfreien Stelle langsam abkühlen.
Am darauf folgenden Tag stellt man die Schalen für 3–4 Stunden in einen Kühlschrank.

Danach schneidet man das erstarrte Gelatinefutter in die gewünschten Wochenportionen, füllt sie in Kunststoffbeutel und bewahrt sie in einem Tiefkühlfach auf. Vor dem Verfüttern müssen die Futterportionen jedoch wieder völlig aufgetaut sein. Die Reste kann man in einem Kühlschrank aufbewahren.

Vorsicht! Die Schildkröte könnte beim Füttern auch versehentlich in die Finger beißen!

Wie viel und wie oft sollte man füttern?

Durch eine Überfütterung werden weit mehr Erkrankungen verursacht als durch Futtermangel! Daher sollten Sie auf die Qualität und Quantität des Futters achten. Und füttern Sie unbedingt abwechslungsreich. Geben Sie den Schildkröten innerhalb ihrer Aktivitätszeiten das Futter. Erwachsene Exemplare erhalten nur alle zwei Tage etwas zu fressen. Quellen ihre Weichteile bereits aus den Panzeröffnungen hervor, dann sollten sie so lange nur noch alle 3 Tage Futter erhalten, bis ihre „Fettpolster" wieder ver-

schwunden sind. Obwohl Jungtiere täglich Futter erhalten sollten, ist auch bei ihnen darauf zu achten, dass sie nicht im Futter schwimmen. Das Verfüttern lebender Nahrung zwingt sie, sich zu bewegen und fördert ihren Beutetrieb. Eine Fastenzeit von 1–2 Wochen schadet erwachsenen Schildkröten übrigens auch nicht!
Füttern Sie immer nur so viel, wie die Tiere in kurzer Zeit vertilgen können, denn Futterreste belasten unnötig das Wasser und sollten noch am gleichen Tag mit einem Kescher entfernt werden.

Woran erkennt man eine gesunde Schildkröte?

Bevor Sie eine Schildkröte erwerben, prüfen Sie genau, ob es sich um ein gesundes Exemplar handelt!

Bitten Sie den Verkäufer, den Schildkröten Futter anzubieten. Gehen die Tiere mit sichtbarem Appetit daran, ist dies ein guter Hinweis auf die Gesundheit der Schildkröten. Folgender kleiner Konditionscheck ist ebenfalls hilfreich, um festzustellen, ob ein Tier fit oder bereits krank und geschwächt ist: Eine gesunde Schildkröte wird sich mit ihren Vorderbeinen problemlos zwischen ihrem gespreizten Daumen und Zeigefinger halten können. Ist sie dagegen krank, wird sie kraftlos zwischen ihren Fingern hindurchrutschen. Woran Sie weiterhin erkennen können, ob Sie ein gesundes Tier vor sich haben, zeigt ihnen die Checkliste (◉ S. 83). Je mehr Punkte Sie eindeutig mit „Ja" beantworten können, um so eher können Sie davon ausgehen, dass die Schildkröte gesund ist. Nehmen Sie nur gesunde Exemplare!

Der Heimtransport

Um Wasserschildkröten vor zu großen Temperaturschwankungen und Verletzungen zu schützen, sollte man den Transport gut vorbereiten. Von Händlern werden vor allem Jungtiere oft einfach in Plastikbeutel gepackt, in denen sie während des Transports hin und her rollen – dabei können die Tiere Schaden nehmen!

Nehmen Sie je nach Größe der Schildkröte einen mit Deckel verschließbaren Karton oder eine größere Kunststoffschachtel. Pols-

tern Sie den Boden und die Wände mit Schaumstoff oder Tüchern. Es können auch Schaumstoffwürfel als Polster verwendet werden. Stellen Sie die Transportbox nun zum Temperaturausgleich für einige Zeit geöffnet in den Raum, in dem sich die zu transportierende Schildkröte befindet. Anschließend setzen Sie das Tier in die Box, schließen den Deckel und bringen den Behälter in der gleichen Lage zu seinem Bestimmungsort. Keineswegs darf die Box während des Transports der prallen Sonne oder einer deutlich kühleren Umgebung ausgesetzt werden. Bei Transporten während der kühleren Jahreszeit kann man den Transportbehälter mit warmen Tüchern oder einer Decke umhüllen, notfalls eine Wärmeflasche darüber legen.

Junge Schmuckschildkröten warten auf einen Käufer.

Ankunft im neuen Heim

Die neu erworbenen Schildkröten sind auch Zuhause noch einmal gründlich auf Außenparasiten oder Wunden zu untersuchen. Das Einbringen neuer Schildkröten in bestehende Gruppen, vor allem Wildfänge, ist nicht unproblematisch. Sie können mit Krankheitserregern belastet sein, gegen die ihr eigenes Immunsystem gut ankommt. Daher erkennt man bei ihnen keine Krankheitssymptome und hält diese Schildkröten für gesund. Durch den nun zustande kommenden Kontakt mit Schildkröten, die gegen diese Erreger noch keine Abwehrstoffe entwickelt und aufgebaut haben, kann es zu ernsthaften Erkrankungen kommen. Es gibt Pfleger, deren Bestände durch das Zusetzen neuer Schildkröten anschließend vollständig verloren gingen. Daher ist es unbedingt zu empfehlen, Neuerwerbungen erst einmal von den Übrigen getrennt zu halten.

CHECKLISTE

Ist die Schildkröte gesund?

● Der Panzer fühlt sich fest an (lediglich bei wenige Tage und Wochen alten Jungtieren und Weichschildkröten darf er weich und elastisch sein) und frei von Verletzungen

● Haut und Weichteile sind frei von Wunden und Parasiten

● Die Augen sind offen und klar

● Die Schildkröte atmet geräuschlos und sondert weder Schleim noch Bläschen aus Mund und Nase ab

● Sie schwimmt normal geradeaus und zeigt keine Schräglage

● Sie taucht schnell und problemlos zum Grund

Quarantäne

Während der Quarantäne hält man die Tiere für mindestens drei Monate räumlich von den anderen Schildkröten und anderen Reptilien getrennt. In dieser Zeit sind sie natürlich so unterzubringen, dass es ihnen an nichts fehlt (genügend Bewegungsraum, richtige Temperaturen etc.).

Im Quarantänebecken verzichtet man auf Bodengrund und dekorative Einrichtungsgegenstände, da der Behälter – auch der Wasserteil – täglich gründlich zu reinigen ist. Wer genau wissen will, ob seine neue Schildkröte gesund ist, sendet frische Kotproben an ein geeignetes Institut (Auskunft erteilen die Gesundheitsämter oder die DGHT-Geschäftsstelle). Gewöhnlich kommen mit negativen Ergebnissen (positiver Befall!) gleichzeitig auch Behandlungsvorschläge.

Was tun im Krankheitsfall?

Eine optimale Unterbringung und Pflege sind die beste Krankheitsvorsorge. Hierzu gehören eine abwechslungsreiche Fütterung, ausreichende Bewegungsmöglichkeiten, die richtigen Umgebungstemperaturen und die Sauberhaltung des Terrariums. Je günstiger die Haltungsbedingungen sind, um so stärker sind die Widerstandskräfte der Tiere gegenüber Krankheitserregern. Ist es trotz aller Vorbeugemaßnahmen aber doch einmal zu einem Krankheitsfall gekommen, sollten Sie unbedingt jegliche Versuche unterlassen, das betroffene Tier selbst zu therapieren. Suchen Sie immer einen Tierarzt auf. Auch sollten Sie erkrankte Schildkröten von den

anderen sofort trennen und in einem geson-
derten Behälter pflegen (Quarantäne). Beim
Umgang mit den Schildkröten müssen Sie
auch auf Ihre eigene Gesundheit achten.
Waschen Sie sich nach dem Kontakt mit
ihnen stets die Hände, und saugen Sie beim
Wasserablassen mit einem Schlauch niemals
das Beckenwasser mit dem Mund an.

Häufige Krankheiten bei Wasserschildkröten

AUGENENTZÜNDUNGEN

Betroffene Wasserschildkröten haben meist
geschwollene Augenlider und halten die
Augen geschlossen. Beim Öffnen der Augen
erkennt man, dass die Bindehaut gerötet ist.
Zusätzlich befindet sich in den Augenwinkeln
oft Eiter oder andere Flüssigkeitsansammlun-
gen. Ursache ist häufig eine zu kühle Haltung
und Zugluft. Diese Symptome können aber
auch durch Fremdkörper oder – insbesondere bei Jungtieren – Vitamin A-Mangel ausgelöst werden.
Zur Behandlung ist auf alle Fälle eine Einzel-
haltung bei Temperaturen um 28–30 °C erforderlich. Die Patienten sind zeitweise völlig
trocken zu halten, damit sich die antibioti-
sche Augensalbe, die man zwischen Lid und
Augapfel aufträgt, nicht im Wasser wieder
auflöst.

DURCHFALL

Leider ist es oft nicht einfach, im Wasser den
breiigen oder flüssigen Kot als solchen zu
erkennen. Ein Hinweis ist daher manchmal
der üble Geruch, der davon ausgeht.
Durchfall ist meist eine ernährungsbedingte

Gesunde Wasserschildkröten schwimmen und tauchen
problemlos.

Junge Weichschildkröten haben noch eine sehr empfindliche Haut.

Erscheinung, die vor allem von verdorbenem Futter ausgeht. Er kann aber auch durch eine Entzündung im Verdauungstrakt oder Parasiten (Würmer, Hexamiten etc.) ausgelöst werden, aber auch durch eine Schädigung der Darmflora (Vergiftung). Prüfen Sie durch Gewichtskontrollen, ob das betreffende Tier abnimmt und suchen Sie nach einer Fastenzeit von etwa einer Woche einen Tierarzt auf, wenn die Schildkröte weiterhin Durchfall hat.

ERKÄLTUNG UND LUNGENENTZÜNDUNG
Anzeichen dafür sind unregelmäßiges, schweres Atmen, verbunden mit Geräuschen, Schleimabsonderungen aus der Nase, apathisches Verhalten, oft in Verbindung mit Futterverweigerung oder überwiegender ‚fast ausschließlicher Landaufenthalt.
Ursache ist meist eine zu kühle Haltung mit Zugluft. Häufig kommt es zu Erkältungs-

krankheiten, wenn das Wasser warm ist und die Schildkröten kühle Luft einatmen müssen. Vor allem bei der Freilandhaltung kann es bei wechselhaftem Wetter im Frühjahr und Herbst zu Erkältungen kommen. Um dem Vorzubeugen sollten Sie die Schildkröten im Frühjahr lieber länger, und im Herbst eher früher in einem Zimmerterrarium pflegen. Manchmal führen bei einem leichten Schnupfen schon verbesserte Haltungsbedingungen zu einer Heilung. Die erkrankten Tiere sind unbedingt einzeln und warm (28–30 °C) zu halten. Auch mit einer verschnupften Schildkröte sollte man vorsichtshalber einen Tierarzt aufsuchen. Bei schweren Erkältungskrankheiten kann dieser kaum auf den Einsatz von Antibiotika verzichten.

Sie müssen sich zur Reinigung der Haut am Grund in eine Sandschicht eingraben können.

HEXAMITEN

Mit Hexamiten befallene Schildkröten bekommen Durchfall und oft auch Nierenprobleme. Es handelt sich bei Hexamiten um einzellige Parasiten, die den Darm und den Urogenitaltrakt besiedeln. Hexamiten sind nur schwer nachzuweisen. Lediglich spezialisierte Tierärzte können eine richtige Diagnose stellen.

HORNHAUTGESCHWÜRE

Die Hornhaut am Auge ist getrübt. Das Tier leidet unter Konturstörungen. Die Ursache liegt meist in einer Entzündung und kann durch einen Fluoreszeintest nachgewiesen werden. Ist nur ein Auge betroffen, verhalten sich die Schildkröten meistens noch normal. Manchmal lindert in Verbindung mit antibiotischer Augensalbe eine kurzfristig abgedunkelte Haltung diese Beschwerden. Man muss auch unbedingt darauf achten, ob die Tempe-

raturen stimmen, keine Zugluft entstanden ist und ob sich das Terrarium insgesamt in einem hygienischen Zustand befindet .

LÄHMUNGEN

Ist die Schildkröte in ihren Bewegungen gehemmt oder sogar bewegungsunfähig, indem sie z.B. ihre Hinterbeine nachzieht, bzw. langsame Bewegungen ausführt/oder zittert, können sehr unterschiedliche Ursachen dafür verantwortlich sein. Diese Lähmungen können durch Traumata, Infektionen, Vergiftungen oder Nervenschädigungen, aber auch Vitamin B-Mangel ausgelöst werden. Suchen Sie unbedingt einen Tierarzt auf!

LEGENOT

Manchmal beginnen Weibchen mit dem Ausscharren einer Nistgrube, legen jedoch keine Eier und unterbrechen die Eiablage. Oder ein

Eine fortgeschrittene Mittelohrentzündung.

hochträchtiges Weibchen zeigt sich sehr apathisch oder extrem unruhig, verweigert das Futter und leidet deutlich unter Atemnot, in einer Zeit, in der es eigentlich Eier legen müsste, kann dies auf eine Legenot hinweisen.

Hält man die Hinterbeine des Tieres einmal fest und zieht sie nach hinten, kann man mit etwas Geschick die Eier unter der Haut in den hinteren Panzeröffnungen ertasten. Sichere Nachweise sind jedoch nur durch Röntgen oder Ultraschalluntersuchungen möglich.

Eine Legenot kann durch fehlende geeignete Eiablageplätze, aber auch Entzündungen des Eileiters oder der Kloakenschleimhaut verursacht werden.

Eine Erhöhung der Temperatur, lokale Erwärmungen der Bauchseite, warme Bäder (30 °C) und Calziuminjektionen, bzw. Injektion des Wehenmittels Oxytocin (Tierarzt) kann eine Eiablage provozieren.

LINSENTRÜBUNG

Die Pupillen der Schildkröte wirken trüb oder sie können auch gräulich schimmern. Das Sehvermögen ist bei jenen Tieren je nach Ausmaß stark beeinträchtigt. Man bezeichnet die Krankheit als Katarakt, oder zu deutsch: Grauer Star. Die Ursachen sind meist nicht bekannt. Eine Heilung ist nicht möglich. Nun muss der Pfleger beobachten, ob die Schildkröte immer noch zielsicher die Nahrung findet. Kann sie sich nur noch auf ihren Geruchssinn verlassen, muss ein sehr häufiger Wasserwechsel durchgeführt werden, damit das Futter mit der Nase wahrgenommen werden kann.

Bei ungeeigneten Eiablageplätzen geraten Weibchen in Legenot.

MAGEN-DARM-PARASITEN

Starker Gewichtsverlust, weicher Kot mit Würmen durchsetzt, eingefallene Augen und apathisches Verhalten sind Anzeichen für einen Befall mit Magen-Darm-Parasiten. Band- und Fasenwürmer, die mit der Nahrung aufgenommen wurden, kommen als Ursache in Betracht, aber auch Salmonellen. Schildkröten mit schlechter Kondition verfallen zusehends. Ein Tierarzt kann durch eine Kotprobe meist eine sichere Parasiten-Bestimmung durchführen und wirksame Medikamente einsetzen.

OTITIS MEDIA (MITTELOHRENTZÜNDUNG)

Bei einer Mittelohrentzündung ist das Trommelfell deutlich vorgewölbt. Gleichzeitig halten die betroffenen Schildkröten ihren Kopf schief. Nur ein chirurgischer Eingriff verspricht einen Heilungserfolg. Dabei führt der Tierarzt unter Lokal- oder Allgemeinanästhesie einen Schnitt aus, um den meist bereits festen Eiterpfropf aus dem Ohr entfernen zu können. Die Wunde wird durch tägliche Reinigungen erst einmal offen gehalten, damit die Wundränder nicht zu früh verwachsen. Zur Abheilung der Entzündung sind Spülungen mit Desinfektionsmittel und Antibiotikainjektionen notwendig.

Bei Weichschildkröten bleibt der Panzer immer weich.

Europäische Sumpfschildkröte mit Panzerdeformation.

PANZERDEFORMATIONEN

Der Panzer ist auffällig verformt, mit Beulen und Abflachungen.
Hauptursachen sind zu geringe Vitamin- und Kalkgaben sowie UV-Licht-Mangel bei der Aufzucht. Vor allem bei zu schnellem Wachstum treten diese Höcker auf, verursacht durch zu eiweißreiche Nahrung und zu hohe Temperaturen. Die vorhandenen Deformationen lassen sich nicht mehr korrigieren!

PANZERERWEICHUNG (RACHITIS)

Der Panzer lässt sich leicht eindrücken und wirkt eher gummiartig, wie bei Weichschildkröten.
Ursache ist ein Mangel an Vitamin D, Calcium und UV-Licht.
Es ist unverzüglich auf eine vollwertige Ernährung mit Vitaminen und Mineralstoffen umzustellen und den Tieren UV-Licht anzubieten. Hierzu ist die OSRAM-Ultra-Vitalux-Lampe besonders gut geeignet. Häufig bleiben als Folge einer Panzererweichung Panzerdeformationen zurück.

PANZERNEKROSE

Weist der Hornpanzer kleine Verletzungen auf, können bestimmte Mikroorganismen (Bakterien, Pilze etc.) darunter gelangen und Entzündungen verursachen. Diese können sich bis in das Knochengewebe fortsetzen. Nekrosen sind abgestorbene Gewebeteile lebender Organismen. Der Tierarzt sollte dann die betreffende Fläche einschließlich des darunter liegenden abgestorbenen Gewebes entfernen. Anschließend wird mit Antibiotika versucht, die Nekrose zu stoppen und eine Wundheilung herbeizuführen.

PENISVORFALL

Der bräunliche bis rötliche Penis des Männchens befindet sich außerhalb der Kloake

Gesunde Schildkröten sind viel unterwegs.

und kann nicht wieder eingezogen werden. Die Schildkröte muss unverzüglich von den übrigen getrennt und einem Tierarzt vorgestellt werden.

WEISSFLECKENKRANKHEIT
Diese Pilzerkrankung ist vor allem bei jungen Wasserschildkröten manchmal zu beobach-ten. Plötzlich treten weiße Flecken auf der Haut auf, vor allem am Bauchpanzer. Bei weiterem Fortschreiten dieser Erkrankung können die Krallen abfallen und die Tiere die Nahrung verweigern. Halten Sie das betroffene Tier erst einmal trocken und baden Sie es kurz in Kochsalzlösungen. Gehen Sie mit der Schildkröte zu einem Tierarzt!

SOLUTIONFINDER

▶ SYMPTOME	▶ URSACHE	▶ BEHANDLUNG
Abnorm verlängerte Krallen (nicht bei bestimmten Zier- und Schmuckschildkröten).	Mangelnde Abnutzungsmöglichkeiten auf „weichem" Landteil	Nägel vom Tierarzt schneiden lassen.
Lidrandschwellung; Bläschenvor den Nasenlöchern; schwerer, pfeifender Atem, gerötete Bindehaut, apathisches Verhalten	Zu kühle Haltung, Zugluft: bakterielle Infektion, Erkältung, Lungenentzündung.	Wärmere, zugluftfreie Einzelhaltung und dem Tierarzt vorstellen (Antibiotika, Bestrahlungen mit Rotlicht).
Schiefe Haltung im Wasser, Probleme beim Abtauchen, zu viel Auftrieb (Boje).	Ernsthafte Erkrankung der Atemwege, Lungenentzündung.	Einzelhaltung, nur zum Fressen in flaches Wasser setzen, sonst trocken und warm halten (28–30 °C). Tierarzt vorstellen (Antibiotika).
Panzer weich und zu elastisch.	Mangelhafte Vitamin D-Versorgung, Calciummangel, Fahlendes UV- Licht, Rachitis.	Haltungsbedingungern verbessern: Calcium- und Vitamin D-Gaben, Bestrahlungen mit UV-Licht.
Durchfall, Kot breiig und zu weich	Futter verdorben, Infektionen, Magen-Darm-Parasiten.	Kotuntersuchungen auf Parasiten, werden keine Parasiten gefunden, Schildkröte etwa eine Woche fasten lassen; Tierarzt verordnet Medikamente (z.B. Colina), das man in Gelatinefutter verabreicht.
Lähmungserscheinungen, zieht beim Laufen Beine nach, Apathie	Erkrankung des Nervensystems, Vergiftung, Vitamin B-Mangel.	Unbedingt zum Tierarzt. Röntgen, um Legenot auszuschließen, bei Nahrungsverweigerung evtl. Infusionen (Kochsalz), Vitamin B.
Mittelohrabszess (aufgewölbtes Trommelfell)	Meist permanent zu kühle Haltung, so dass Keime begünstigt werden, die über die Eustachsche Röhre vom Maul her ins Mittelohr aufsteigen und Dort zur Eiterbildung führen.	Tierarzt spaltet die Haut über dem Abszess und entfernt das käsige Material mit einem scharfen Löffel.
Panzerverletzungen. Oberflächliche Hornabschürfungen sind harmlos.	Normaler Häutungsvorgang	Eventuell lose Hornabschirfungen mit der Hand entfernen.

▶ SYMTOME	▶ URSACHE	▶ BEHANDLUNG
Weibchen gräbt an verschiedenen Stellen, ohne Eier abzulegen, Apathie, Nahrungsverweigerung	Legenot. Eier können nicht abgelegt werden.	Tierarzt macht Röntgenkontrolle, obEier vorhanden sind. Durch Bestrahlung mit Wärmelampe Körpertemperatur der Schildkröte auf etwa 30°C erhöhen. Calziuminjektionen, evtl.Oxytocin (Wehenmittel). Tierarzt muss evtl. vorsichtig Ei zerstören und mit der Pinzette Reste aus Kloake entfernen.
Penisvorfall	Probleme des Rückziehmuskels	Operation durch Tierarzt, geht manchmal von selbst wieder zurück.
Beulen an den Gliedmaßen	Vitamin B-Mangel	Vitamin B-Komplex durch Tierarzt (Vorsicht vor Überdosierung).
Panzer- und Hautnekrosen	Infektionen, unsaubere Haltung, Fehlende Trockenplätze	Tierarzt schabt abgestorbenes Gewebe mit Skalpell aus und behandelt mit Antibiotika-Puder. Unverzüglich Haltungsbedingungen verbessern.
„Pilz- oder Bakterienerkrankung"	Unsaubere Haltung, evtl. bei Abschürfungen.	Salufit-Gaben (Tierarzt), Bäder in Koch-Salzlösung.
„Weißfleckenkrankheit"	Vitamin A- Mangel	Vitamin A-Gaben (Tierarzt). Vorsicht vor Überdosierung. Alkoholbäder
Verletzungen	Beißereien, Nackenbiß bei Paarung, Panzerbruch durch Sturz oder Schlag	Hygienische Quarantäne bis Verletzungen abgeheilt sind. Tierarzt gibt eventuell Antibiotika-Salbe. Zeitweise Trockenhaltung.
Zeckenbefall	Großzügige Freilandhaltung in Zeckengebieten.	Mit Zeckenzange entfernen.

Auch im Urlaub sollten ihre Schildkröten nicht zu anderen gesetzt werden.

Urlaubsvertretung

Irgendwann kommt jeder einmal in die Situation, dass er oder die ganze Familie verreisen muss, und die Schildkröten müssen von einem geeigneten Ersatzpfleger versorgt werden. Natürlich ist die Urlaubsvertretung nicht erst einen Tag vor der Abreise in die notwendigen Arbeiten einzuweisen. Im günstigsten Fall ist diese selbst Schildkrötenhalter. Befinden sich die Schildkröten während des Urlaubs in einer Freilandanlage, muss die Urlaubsvertretung die Schildkröten lediglich hin und wieder mit Futter versorgen und dabei beobachten, ob alle Tiere sich normal verhalten.

Ausgewachsene Exemplare können ohne Probleme auch in einem Zimmerterrarium etwa 2 Wochen ohne Futter auskommen. Dieses Fasten bekommt ihnen zumindest besser, als wenn ein ungeübter Ersatzpfleger die Schildkröten mit Futter überschüttet und dadurch das Wasser belastet. Dennoch muss ein zuverlässiger Pfleger hin und wieder nach den Tieren sehen, bzw. kontrollieren, ob es den Tieren gut geht und die technischen Hilfsmittel störungsfrei funktionieren. Jungtiere dürfen auf keinen Fall so lange fasten. Sie müssen weiterhin täglich, Halbwüchsige alle 2–3 Tage gefüttert werden. Bereits mit der Anschaffung der Tiere sollten Sie sich überlegen, wer diese während der Abwesenheit versorgen und die Terrarienanlage weiter kontrollieren könnte. Die betroffe-

Ihr Lieblingsfutter sollten die Schildkröten auch von der Urlaubsvertretung bekommen.

Aber es gilt: Lieber zu wenig als zu viel füttern!

ne Person muss unbedingt mit den Eigenarten der Tiere und den notwendigen Pflegebedingungen vertraut gemacht werden. Weniger gut ist es, die Schildkröten aus ihrer vertrauten Umgebung herauszunehmen. Der Ersatzpfleger/die Ersatzpflegerin sollte einmal rechtzeitig dieses Buch lesen oder zumindest die für die Urlaubsvertretung entscheidenden Kapitel. Außerdem sollte die betreffende Person eine Checkliste erhalten, auf der die einzelnen Pflegebedingungen aufgelistet sind und auf welche Dinge außerdem zu achten ist. Für eventuell krank gewordene Schildkröten ist bereits ein Quarantänebecken bereitzuhalten.

Urlaubsvorbereitungen

Rechtzeitig vor dem Urlaubsantritt sollte man noch einige Vorbereitungen treffen, die der Urlaubsvertretung die Arbeiten erleichtert.

1. REINIGUNG:

Reinigen Sie 1–2 Tage vor Reiseantritt noch einmal gründlich das Terrarium, in dem sich die Schildkröten befinden. Reinigen Sie auch die Filteranlage und markieren Sie mit einem Filzstift den notwendigen Wasserstand!

2. ERSATZTEILE:

Legen Sie Ersatzteile und Hilfsmittel bereit, falls es zu Ausfällen kommt, z.B.:

► Ersatz-Lampen,
► Reserve-Aquarienheizstab,
► Reserve-Thermometer,
► Reserve-Zeitschaltuhr,
► Quarantänebehälter für eventuell erkrankte Schildkröten,
► Kleiner Kescher, um Ausscheidungen und Futterreste zu entfernen.

3. FUTTER

► Teichsticks in den üblichen Portionen bereit stellen.
► Frischfutter (Fleisch) oder/und Gelatinefutter portionsweise einfrieren.

4. SONSTIGES

► Checkliste, dieses Buch und Pflegeplan für die Urlaubsvertretung bereitlegen.
► Eigene Urlaubsadresse/Telefonnummer hinterlassen.
► Adresse/Telefonnummer eines sachkundigen Terrarianers hinterlassen, der bei Bedarf helfen oder Tipps geben kann.
► Adresse eines Tierarztes, der sich mit Schildkröten auskennt

Urlaubsvertretung

- Funktionieren die Beleuchtung, Zeitschaltuhr und Filteranlage?

- Stimmen Wasserstand und Wassertemperatur?

- Zeigen die Schildkröten normale Verhaltensweisen (Tauchen, Schwimmen, Sonnenbaden)?

- Befinden sich noch Futterreste oder andere Abfälle im Wasser (mit dem kleinen Kescher entfernen), die das Wasser belasten können?

- Ist das Futter zum Verfüttern bereit? Tiefkühlkost (z.B. Gelatinefutter, Rindfleisch/Putenstückchen) vorher rechtzeitig auftauen!

- Trockenfutter in der erforderlichen Menge und den abgestimmten Zeitabständen geben!

Winterstarre

Die Aktivitätszeiten der Schildkröten werden durch den Jahresrhythmus geprägt. In den Tropen und Subtropen entfällt die Überwinterung durch die immer gleich bleibenden Temperaturen. In sehr heißen Regionen können dagegen Gewässer austrocknen, so dass Wasserschildkröten gezwungen sind, im Schlamm die ungünstigen Lebensbedingungen zu überdauern. Dabei verharren sie in einer Art Sommerschlaf, aus dem sie nach dem Einsetzen von Regenfällen wieder erwachen.

Lässt man in der Erntezeit die Reisfelder trocken fallen, müssen Schildkröten darin häufig im Schlamm verborgen eine Ruhephase einlegen.

Im Herbst wird die Zeit für ausgiebige Sonnenbäder immer kürzer.

Sobald die Außentemperaturen sinken, suchen Wasserschildkröten aus den gemäßigten Klimabereichen automatisch rechtzeitig frostsichere Stellen auf. Meist verbergen sie sich am Grund des Gewässers in einer Pflanzen- oder Schlammschicht. Ob sie dort den Winter überleben, wird durch die Temperaturen und den Sauerstoffgehalt des Wassers entschieden.

Bei etwas steigenden Temperaturen, selbst wenn noch eine Eisschicht das Gewässer bedeckt, kommen die Schildkröten oft schon aus der Pflanzen- oder Schlammschicht und bewegen sich am Gewässergrund entlang, die Zierschildkröte *Chrysemys picta* z.B. schon bei 4 °C. Nahrung nehmen die Tiere jedoch noch nicht auf, da bei den niedrigen Temperaturen keine Verdauung möglich ist.

Bei Temperaturen von 8–11 °C beginnen z.B. die Zierschildkröten *(Chrysemys picta)* bereits zu balzen. Innerhalb ihres großen Verbreitungsgebietes werden diese Temperaturen je nach geografischer Lage zu unterschiedlichen Zeiten erreicht. Dadurch ergeben sich regional etwas andere Zeiten für Balz, Paarung, Eiablage und Schlupf der Jungen. Man überwintert Wasserschildkröten der gemäßigten Klimabereiche in einem abgedunkelten Aquarium oder in einer Kiste, die mit feuchtem Buchenlaub gefüllt ist. Dabei müssen die Temperaturen bei etwa 4–5 °C liegen. Es gibt aber auch noch eine weit verbreitete andere Methode, sofern man im Keller oder an einer anderen ruhigen Stelle einen Kühlschrank stehen hat!

Winterruhe im Kühlschrank

Die kühlen Keller sind selten geworden. Oft gehört zu einer Neubau-Mietwohnung nur ein kleiner abgeteilter, wenn auch verschließbarer Bereich. Der Keller insgesamt hat jedoch häufig deutlich höhere Temperaturen als für die Winterruhe der Schildkröten erforderlich ist. Befindet sich in dem zugewiesenen Kellerbereich ein Stromanschluss, können Schildkröten, die auch in ihrer Heimat eine Winterstarre einlegen, diese Zeit auch in einem Kühlschrank (4–5 °C) verbringen. In den letzten drei Wochen davor müssen sie aber darauf vorbereitet werden.

1   In der Vorbereitungszeit wird das Füttern eingestellt, und Temperaturen und Beleuchtungsdauer werden schrittweise immer mehr reduziert.

2   Nach Ablauf dieser Frist kommt je eine Schildkröte in ein Kunststoffgefäß mit Deckel (Überwinterungsbox). Dabei sollte die Grundfläche dieses Gefäßes mindestens das Vierfache der Panzergröße haben. Die Höhe sollte etwa 1,5 mal der Panzerlänge entsprechen.

3   Etwa 2–3 cm unterhalb des oberen Randes und in den Deckel bringt man mit einem 16 mm Bohrer im Abstand von ungefähr 2 cm fingerbreite Löcher an (Luftzirkulation).

4   a. Stark an Gewässer gebundene Arten der gemäßigten Klimazonen können im Wasser überwintern. Hierzu füllt man die Überwinterungsbox so hoch mit Wasser, dass sich der Wasserstand einige Zentimeter über der Schildkröte befindet.
b. Für Schildkröten, die sich zur Winterruhe an Land eingraben, füllt man die Überwinterungsbox zu einem Drittel mit ungedüngter Blumenerde und einem Drittel mit lockerem Buchenlaub. Anschließend mischt man dieses Substrat und feuchtet es gut an. Danach setzt man die Schildkröte hinein und kann sie auch leicht in das Substrat eingraben.

Schildkröten aus den Subtropen und Tropen dürfen auf keinen Fall in eine Winterstarre fallen.

5   Kontrollieren Sie die Zuverlässigkeit des Kühlschranks. Darin sollten Temperaturen zwischen +4 bis maximal +6 °C herrschen!

6   Am Ende der Vorbereitungszeit setzen Sie die Schildkröten in die Überwinterungsbox und diese in den Kühlschrank!

7   Die nächsten 2–5 Monate (je nach Größe und Alter der Schildkröten) verbringen die Tiere in ihrem Winterquartier (Kühlschrank)! Einmal in der Woche wird die Kühlschranktüre geöffnet und wieder geschlossen, wodurch ein Luftaustausch stattfindet.

Beenden der Winterruhe

Will man die Winterruhe beenden, nimmt man einfach die Überwinterungsbox mit der betreffenden Schildkröte aus dem Kühlschrank und stellt die Box erst einmal eine Stunde außerhalb des Kühlschranks an eine Stelle, die jedoch noch nicht zu warm sein sollte (ca. 10–12 °C). Erst danach stellt man die Überwinterungsbox in einen beheizten Raum (ca. 18–22 °C). Mit dem Ansteigen der Wassertemperatur erwacht auch die Schildkröte. Gewöhnlich machen sich die Schild-

kröten nach dem Aufwachen durch scharrende Geräusche bemerkbar.

Soll die gesamte Überwinterungsgesellschaft aus der Winterruhe erwachen, kann man auch erst einmal den Kühlschrank ausstellen (Stecker ziehen). Nach etwa 1–2 Stunden schaut man in Abständen nach, ob die Schildkröten erwacht sind. Dann kann man sie in ihr Terrarium setzen, das man natürlich bereits 1–2 Tage zuvor völlig sauber und technisch einwandfrei funktionierend in Betrieb genommen hat.

Hält man Wasserschildkröten artgerecht, geraten sie irgendwann auch in Fortpflanzungsstimmung. Um die Chancen einer Nachzucht noch weiter zu erhöhen, sollte man einige Tipps beachten:

1   Achten Sie bei der Zusammenstellung von Zuchtgruppen auf möglichst gleich große/gleich alte Exemplare. Beachten Sie dabei, dass Männchen gewöhnlich etwas kleiner als Weibchen bleiben.

2   Halten Sie möglichst Wasserschildkröten, die aus der gleichen Region, dem gleichen Verbreitungsgebiet kommen. Dann haben sie auch den gleichen biologischen Jahresrhythmus.

3   Trennen Sie vor der eigentlichen Paarungszeit Männchen und Weibchen für einige Zeit. Setzen Sie die Schildkröten in der Paarungszeit nach einem Wasserwechsel wieder zusammen.

4   Schalten Sie in der Fortpflanzungszeit häufiger zur üblichen Beleuchtung zeitweise eine UV-Lampe (z.B. OSRAM-ULTRAVITALUX) ein (z.B.: 2 x ½ Stunde täglich!).

5   Verabreichen Sie trächtigen Weibchen ein besonders abwechslungsreiches, vitamin- und mineralstoffreiches Futter!

6   Trächtige Weibchen sollten nicht ständig durch Männchen oder andere Schildkröten gestört werden. Störenfriede kommen bis nach der Eiablage in ein anderes Becken.

7   Weibchen benötigen zur Eiablage eine geeignete Stelle. Der Eiablageplatz muss sich immer über der Wasseroberfläche befinden und durch einen Steg o. Ä. erreichbar sein. Als Substrat eignet sich leicht feuchter Sand oder ein leicht feuch-tes, lockeres Sand-/Torf-Gemisch. Das Substrat darf bei den Grabetätigkeiten des Weibchens nicht immer wieder in die Nistgrube zurückrutschen! Außerdem muss das Substrat Temperaturen zwischen 25–30 °C aufweisen. Schaffen Sie dem Weibchen mehrere Auswahlmöglichkeiten!

Fortpflanzung

Häufig ist der Beginn der Geschlechtsreife daran zu erkennen, dass die Tiere erstmals Balzverhalten zeigen.

Das Rotwangen-Schmuckschildkröten-Männchen ist auf der Suche nach einer Partnerin.

Möglicherweise steuern bei Schildkröten artspezifisch genetisch festgelegte Faktoren den Fortpflanzungszyklus. Es konnte jedoch nachgewiesen werden, dass der klimatische Jahresrhythmus mit den dadurch bedingten Temperaturschwankungen einen entscheidenden Einfluss nimmt. Bei der Zierschildkröte *(Chrysemys picta)* stellte man durch Untersuchungen fest, dass vom Sommer bis in den Herbst Spermien gebildet werden und die Hoden der Männchen zu dieser Zeit deutlich größer sind. Im November werden sie wieder erheblich kleiner und bis Mai des nächsten Jahres hält dieser Ruhestand an. In den Nebenhoden werden die Spermien gespeichert und erst bei Paarungen im fol-

genden Frühjahr eingesetzt. Obwohl die Weibchen der gleichen Art dazwischen die Winterruhe einlegen, haben die Follikel in den Eierstöcken im März den fast größten Durchmesser. In dieser Zeit erfolgt auch die Befruchtung.

Partnersuche und Balz

Wenn Schildkröten-Männchen einer möglichen Partnerin begegnen, beriechen sie oft erst einmal ausgiebig deren Analregion. Dies können Sumpf- und Wasserschildkröten auch im Wasser. Sie reagieren auf chemische Lockstoffe, die das paarungsbereite Weibchen freisetzt. Die Männchen einiger amerikanischer Arten, deren Vordergliedmaßen mit

Zwei unterschiedliche Arten würden unerwünschte Mischlinge produzieren.

sehr langen Krallen ausgestattet sind, schwimmen je nach Art oft über oder vor der Auserwählten, strecken ihre Vordergliedmaßen und Krallen nach vorne und führen damit zitternde Bewegungen aus.
Bei sehr vielen Arten klettern die Männchen einfach auf den Rücken der Partnerin, halten sich an ihrem Panzerrand fest und führen symbolische Beißbewegungen aus.

Paarung

Die eigentliche Paarung bei Wasserschildkröten gleicht häufig einer Vergewaltigung. Das aufgerittene Männchen hackt und beißt bei einigen Arten heftig in die Nackenregion des Weibchens, so dass es dabei auch zu blutenden Verletzungen kommen kann. In der Paarungszeit sind die Weibchen oft gut genährt und haben deshalb häufig Mühe, alle Gliedmaßen und den Kopf gleichzeitig in den schützenden Panzer zu ziehen. Dies gilt auch für Weibchen jener Arten, die ihre Bauchpanzerlappen anlegen und den Panzer völlig ver-

schließen können (Terrapene, Kinosternon, ect.). Das Weibchen wird aber durch die Angriffe des Männchens gezwungen, seinen Kopf und die Vorderbeine in den Panzer einzuziehen. Aus Platzmangel müssen die Hinterbeine und der Schwanz einschließlich Kloakenöffnung dann ungeschützt draußen bleiben. Befindet sich das Männchen zu diesem Zeitpunkt schon auf dem Rücken des Weibchens, presst es seine Kloakenöffnung fest gegen die des Weibchens und lässt seinen Penis hineingleiten. Zum Teil bleiben Männchen und Weibchen recht lange fest „verankert". Bei etlichen Arten mit sehr hoch gewölbtem Rückenpanzer (Terrapene, Cuora) muss sich das Männchen während der Paarung auch noch nach hinten fallen lassen, um die Kopulation überhaupt durchführen zu können. Weibchen versuchen manchmal, mit dem fest verhakten Männchen auf dem Rücken zu entkommen. Andere nehmen während der Paarung sogar noch Nahrung zu sich.

Schon vor Erreichen der Geschlechtsreife interessieren sich junge Männchen für das andere Geschlecht.

Eiablage

Schildkröteneier können eine harte, an Vogeleier erinnernde Kalkschale, aber auch eine pergamentartige Eihülle haben. Letztere nimmt leicht Umgebungsfeuchtigkeit auf und „wächst" mit zunehmender Größe des Embryos mit.

Vor der Eiablage müssen die Weibchen auf dem Land eine Nistgrube anlegen. Bemerkenswert ist, dass sie diese mit den Hinterfüßen graben, also außerhalb ihres Gesichtsfeldes. Manchmal kann man aber die Weibchen dabei beobachten, wie sie zuvor mit der Schnauze gewissenhaft die ausgesuchte Stelle prüfen und gelegentlich auch mit den Vorderfüßen Probegrabungen vornehmen. Um den oft harten Boden aufzuweichen, entleeren die Tiere häufig aus ihren Analblasen über der vorgesehenen Stelle Wasser – und dies mehrmals –, bis sich der Boden zum

Graben eignet. Besonders gerne legen sie ihre Nistgrube in die unmittelbare Nähe von wärmespeichernden Materialien (Steine) oder verrottenden Pflanzenteilen.

Die Form der Nistgrube kann je nach Art variieren, hat aber meistens eine flaschenförmige Gestalt. Den Grund der Grube erweitern die Weibchen mit den Hinterfüßen oft zu einer Kammer, in die nun die Eier gelegt werden. Auch die Eiablage entzieht sich dem Blick des Weibchens. Oft verlassen die Eier an einem Schleimfaden die Kloake, werden durch einen Hinterfuß vorsichtig aufgefangen und in die Kammer geleitet. Mit den Hinterfüßen sortiert das Weibchen auch das Gelege in der Nistgrube.

Nach der Ablage des letzten Eis legt es oft völlig erschöpft eine Pause ein. Anschließend beginnt es, mit den Hinterbeinen die Grube wieder sorgfältig zuzuscharren. Zuletzt

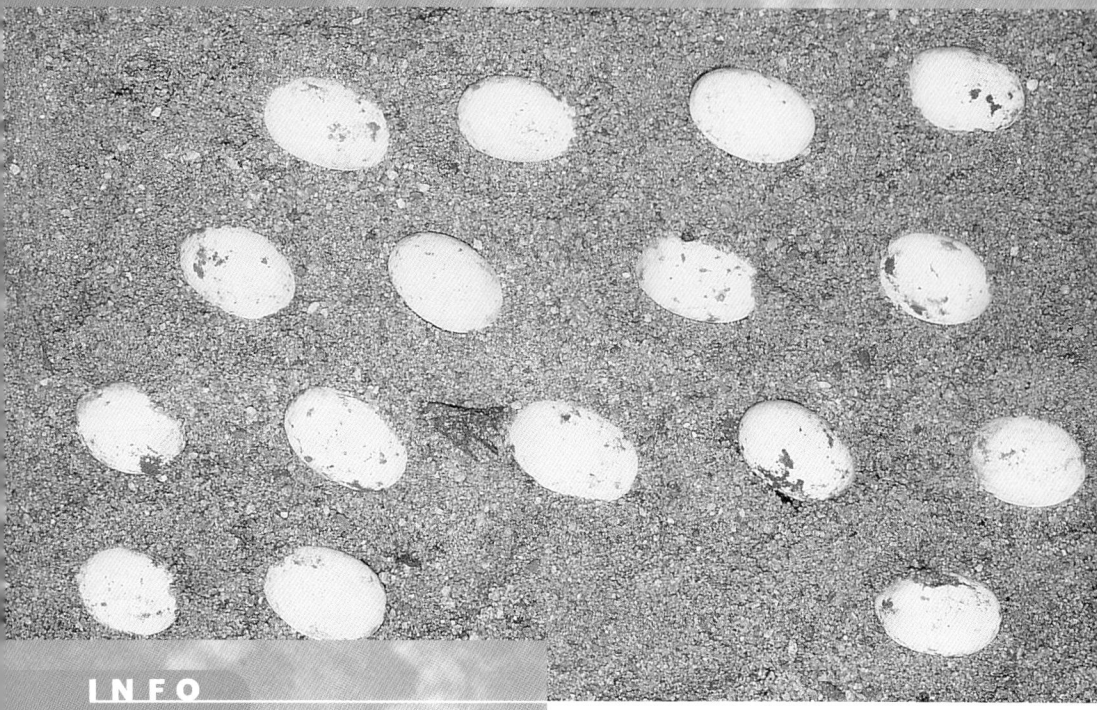

Gelege der Europäischen Sumpfschildkröte (Emys orbicularis)

Die Zahl der Eier eines Geleges und die Anzahl der Gelege innerhalb eines Jahres variieren von Art zu Art, aber auch je nach Alter der Weibchen. Jüngere Weibchen legen gewöhnlich wenige Eier, mit zunehmendem Alter und zunehmender Größe nimmt die Anzahl der Eier über einen gewissen Zeitraum zu. Bei Weibchen im fortgeschrittenen Alter wird die Anzahl der Eier wieder geringer!

Entwicklung

Damit in den Schildkröteneiern neues Leben heranwachsen kann, sind je nach Art unterschiedliche Umgebungstemperaturen nötig. Sinkt die Bodenwärme unter einen bestimmten Temperaturbereich, verläuft die Entwicklung stark verlangsamt oder wird nahezu eingestellt, bei einem Überschreiten des Temperaturmaximums stirbt der Embryo ab. Deshalb muss das Gelege geborgen und in einen Brutbehälter überführt werden. Hierzu können zur Hälfte mit leicht feuchtem Sand, feinem Kies oder Vermiculite gefüllte Grillendosen dienen. In das Substrat drückt man Mulden, die so groß sein müssen, dass darin das Schildkrötenei liegen kann – ohne wegrollen zu können.

scharrt es häufig noch Pflanzenteile und Steinchen darüber, so dass es selbst für jemanden, der die Eiablage beobachtet hat, schwierig ist, die Stelle des Geschehens einige Stunden später noch genau anzugeben.

Schlüpfende Europäische Sumpfschildkröte (Emys orbicularis)

Nun schiebt man vorsichtig mit einem Löffel o. Ä. an der Eiablagestelle vorsichtig das Substrat beiseite und gelangt so immer näher an das Gelege. Sobald man die Nistkammer erreicht hat, entfernt man weiterhin vorsichtig das Substrat. Jetzt nimmt man die Eier vorsichtig aus der Nistkammer und legt sie – ohne ihre Position zu verändern – in die Mulden des Brutbehälters. Mit einem weichen Bleistift kennzeichnen wir die höchste Stelle mit einem Kreuz oder notieren dort das Datum der Eiablage. Denn Schildkröteneier dürfen bereits kurze Zeit nach der Ablage nicht in ihrer Lage verändert werden, da sonst der Keimling abstirbt. Anschließend legen wir bei den Eiern, die bei hoher Luftfeuchtigkeit inkubiert werden müssen, ein feuchtes Tuch über den Brutbehälter und befestigen es mit dem Deckel. Daraufhin überführen wir den Brutbehälter an eine Stelle, die Temperaturen zwischen 25 und 32 °C

gewährleistet. Zwar sind Bruterfolge auch mit geringfügig niedrigeren und höheren Temperaturen möglich, jedoch gehen wir lieber auf Nummer sicher. Manchmal bietet eine Stelle auf der Heizungsanlage im Keller die erwähnten Temperaturen. Aber die meisten Züchter schwören auf Brutapparate, die es im Zoohandel gibt. Bei ihnen kann man die gewünschten Temperaturen einstellen und an einem Thermometer stets die darin herrschenden Temperaturen ablesen.

Im Übrigen ist von vielen Arten bekannt, dass die Umgebungstemperaturen auch Einfluss auf das künftige Geschlecht nehmen. Je nachdem, welche Temperaturen in einem bestimmten Zeitabschnitt der Eientwicklung vorherrschen, schlüpfen später Weibchen oder Männchen aus.

BEBRÜTEN VON WASSER-SCHILDKRÖTENEIERN

▶ METHODE	▶ VORTEILE	▶ NACHTEILE
„Heizungskeller" (Geräumigen Brutbehälter, z.B. 10-Liter Eimer, mit einem Deckel verschließen und an eine warme Stelle (25–32 °C) auf der Heizungsanlage stellen).	Sehr kostengünstig.	Unbeeinflussbare Temperaturschwankungen. Bei einem Ausfall der Heizungsanlage Verlust des Geleges.
Aquarienmethode	Kostengünstig und leicht selbst zu bauen. (Gut geeignet für Manouria emys und Manouria impressa).	Mangelhafte Temperaturkonstanz. Durch die hohe Luftfeuchtigkeit nur bedingt für die hartschaligen Landschildkröteneier geeignet.
Flächenbrüter	Kostengünstig. Sehr gut geeignet für Wasserschildkröteneier, die geringe Substrat- und Luftfeuchte erfordern. Ziemlich genaue Temperatursteuerung.	Hoher Temperaturabfall bei Kontrollen des Geleges. Bei sehr großen Landschildkröteneiern besteht die Gefahr einer partiellen unkontrollierten Erwärmung und Austrocknung durch die Heizschlangennähe.
Motorbrüter	Besonders genaue Temperatursteuerung, große Sicherheit durch Übertemperaturschutz. Man kann mehrere Brutbehälter mit unterschiedlichen Substraten (trocken, feucht) bebrüten.	Kostenintensiv.

Junge Wasserschildkröten sind oft attraktiver gefärbt als ihre Eltern.

Schlupf der Jungtiere

Wochen oder Monate nach der Eiablage – je nach Schildkrötenart – schlüpfen die Jungtiere. Um die Eischalen öffnen zu können, bildet sich bei den Jungtieren sehr vieler Arten auf der Schnauzenspitze ein so genannter „Eizahn". Durch Bewegungen des Kopfs ritzen sie mit diesem hornigen Gebilde die Eihüllen auf, erweitern mit den Vorderbeinen das entstehende Loch und atmen erst einmal tief ein. Gewöhnlich befindet sich bei den Tierchen auf der Bauchseite noch ein Teil des Dottersacks. Bis er völlig in die dafür vorgesehene Bauchöffnung gesogen wird, verharren die Schlüpflinge noch in den Eischalen. Hat sich die Bauchspalte geschlossen, verlassen sie die Eihüllen. Sie müssen sich nun selbstständig aus der Nistgrube befreien. In einigen trockenen Regionen oder in der Trockenzeit müssen die Jungtiere nach dem Schlüpfen in der Nisthöhle verharren und können diese erst nach dem Einsetzen der Regenzeit durch den nun aufgeweichten Boden verlassen. Es gibt aber auch Arten (z.B. Europäische Sumpfschildkröte), deren Junge die kalte Jahreszeit in ihrer Nistgrube überdauern (Winterstarre) können. Aus spät abgelegten Eiern schlüpfen die Jungen manchmal im Spätherbst, verlassen aber erst im folgenden Frühjahr, wenn die Umgebungstemperaturen wieder günstiger werden, das Erdreich.

Alle Weichschildkröten, egal wie groß, sind bissig!

I N F O

Temperaturbedingte Geschlechtsfixierung!
Heute gehört es zum Allgemeinwissen der
Schildkrötenzüchter, dass bei der Bebrü-
tung von Schildkröteneier bei vielen Arten
die Bruttemperaturen auf die Ausbildung
des Geschlechts Einfluss nehmen.
Nur bei sehr wenigen Arten sind die
Geschlechtschromosomen temperaturun-
abhängig für die Geschlechtsausprägung
verantwortlich, wie z.B. bei Staurotypus
und einigen Trionyx-Arten.
Durch Experimente konnte man nachwei-
sen, dass sich in Eiern, die man bei niedrigen Temperaturen (24–25 °C) bebrütete,
vorwiegend Männchen entwickelten, in
jenen, die im Maximalbereich (30–31 °C)
inkubiert wurden, vorwiegend Weibchen
„entstanden". Offenbar wird dabei etwa
im mittleren Drittel der gesamten Inkuba-
tionszeit das Geschlecht festgelegt. Der
Scheitelpunkt bei den Temperaturen liegt
offenbar bei 27,5 °C. Einige Arten haben
jedoch anscheinend einen tieferen Scheitelpunkt zur Geschlechtsdifferenzierung
(*Graptemys pseudogeographica, Geoemyda
spengleri*). Deshalb ist das Führen eines
Terrarien-Tagesbuchs zweckmäßig.
Die in der Natur herrschenden Temperaturschwankungen sorgen gewöhnlich
dafür, dass sich das Geschlechtsverhältnis
innerhalb einer Population nicht zu sehr
zu Ungunsten eines Geschlechts ver-
schiebt.

Aufzucht der Jungtiere

Für Jungtiere muss natürlich ein eigenes,
kleineres Terrarium zur Verfügung stehen.
Hierzu können auch genügend große Kunst-
stoffbehälter dienen, wie sie im Haushalt oft
verwendet werden. Das Aufzuchtbecken ist
dabei etwa so auszustatten, wie das der
Erwachsenen. Die Größe richtet sich dabei
nach den in den Monografien angegebenen
Mindestmaßen. Zu großflächige und zu reich
strukturierte Behälter würden das Beobachten und die Kontrolle der Jungtiere erschwe-
ren. Daher sollte das Aufzuchtterrarium gut
zu überblicken sein. Außerdem müssen die
Jungtiere die Möglichkeit haben, innerhalb
des Beckens verschiedene Temperaturberei-
che aufsuchen zu können. Auch bei der Auswahl des Wärmestrahlers ist Vorsicht ange-
sagt. Zu starke Strahler könnten auch zu grell
sein! Zudem führen Jungtiere in der Natur

Junge Männchen der Nicaragua-Schmuckschildkröte (T. s. emolli) **im Alter von 18 bis 36 Monaten.**

eine versteckte Lebensweise. Daher muss man ihnen z.B. im Wasserteil auch einige Ranken der Wasserpest oder ähnliche Pflanzen anbieten.

Die Jungtiere aggressiver Arten muss man vorsichtshalber einzeln halten und aufziehen, friedlichere in kleinen Gruppen von 3–5 Exemplaren.

Viele Züchter halten grundsätzlich alle Jungtiere einzeln, um genau beobachten zu können, ob die einzelnen Jungtiere auch genügend Futter aufnehmen. Außerdem sind junge Schildkröten noch sehr auf sich fixiert und benötigen nicht unbedingt die Gesellschaft anderer Artgenossen.

Während der Aufzucht sollte man die kleinen Schildkröten etwa wöchentlich einmal wiegen und einmal im Monat die Panzerlänge messen. Die Daten halten Sie bitte auf einer Liste fest. Falls alle Jungtiere sich sehr ähnlich sehen, kann man sie mit einem roten Markerstift (permanent: nicht wasserlöslich!) markieren. Dazu genügt es, bei jedem Jungtier auf einem anderen Randschild einen gut sichtbaren Punkt zu machen.

Bitte versuchen Sie nicht, durch übermäßige Futtergaben und ständig hohe Temperaturen das Wachstum zu beschleunigen. Unter wechselnden Temperaturen und mit ausreichenden Futtergaben (+ Vitamine und Mineralien) langsam heranwachsende Jungschildkröten sind später gesünder und leiden weniger häufig an Mangelerscheinungen und -krankheiten.

Häufig gewöhnen sich die Jungtiere recht schnell an bestimmte „Störungen" und erkennen auch, wann mit Futter zu rechnen ist. Dabei entwickeln sie oft ein so genanntes „Bettelverhalten". Sie schwimmen beim Anblick des Pflegers an die Vorderscheibe des Terrariums und paddeln dort aufgeregt mit den Armen und Beinen. Lassen Sie sich nicht erweichen und geben Sie dem Drängen der Pfleglinge nicht nach!

Wie schnell wachsen Schildkröten?

Die Frage kann man eigentlich gar nicht zufrieden stellend beantworten, da Schildkröten je nach Art sehr unterschiedlich groß werden können und sich ihre Wachstumsge-

schwindigkeit, vor allem als Jungtiere, nach den Aufzuchtbedingungen richtet. Ich selbst habe nach 3 Jahren eines meiner 2 Jahre zuvor abgegebenen Emys orbicularis-Jungtiere zum ersten Male wieder gesehen und war erschrocken. Das Jungtier war doppelt so groß wie die Geschwister, die ich selbst behalten hatte.

Als Beispiel gehen wir jetzt einmal von amerikanischen Zier- oder Schmuckschildkröten aus, die wohl am häufigsten gehalten werden. Obwohl einige Arten (z.B. Costa-Rica-Schmuckschildkröte) eine Panzerlänge von bis zu 40 cm erreichen können, werden die meisten im Terrarium gehaltenen Arten etwa 20 bis 25 cm groß. Und davon gehen nun einmal die folgenden Werte aus:

Nachdem diese Schildkröten die Eihüllen verlassen haben, wachsen sie in der Natur gewöhnlich im ersten Lebensjahr auf eine Panzerlänge von 5–7 cm heran. Gemeint ist dabei das Stockmaß, das heißt, wir legen die Schildkröte auf ein ausgebreitetes Zentimetermaß oder auf ein Lineal und messen nun vom vorderen bis zum hinteren Panzerrand.

Junge Europäische Sumpfschildkröten benötigen manchmal längere Zeit, bis sie sich zufriedenstellend entwickeln.

Im zweiten Lebensjahr können Schmuckschildkröten natürlicherweise schon eine Panzerlänge von 7–11 cm erreichen, und im dritten Lebensjahr Panzerlängen von 8–15 cm. Im dritten Lebensjahr kann man auch bereits ansatzweise erkennen, ob wir ein Männchen oder Weibchen vor uns haben. Weibchen können nämlich im dritten Lebensjahr zwischen 9–15 cm Panzerlänge erreicht haben, Männchen 8–12 cm.

Im vierten Lebensjahr können Weibchen eine Panzerlänge von 13–18 cm haben, Männchen 10–14 cm. Ab jetzt wachsen die Schildkröten wesentlich langsamer.

Mit dem Wissen, welche Panzerlängen Schildkröten in einem bestimmten Alter erreicht haben können, kann man auch bei Schildkröten unbekannten Alters in etwa das Alter schätzen. Denn bei den meisten Wasserschildkröten wird die Oberfläche des Rückenpanzers mit der Zeit sehr glatt, so

Diese junge Höckerschildkröte ist aus dem Gröbsten heraus.

dass die „Jahresringe" um die Alveolen, also die beim Schlupf der Schildkröten vorhandenen Schilder, sich nicht mehr deutlich abheben. Diese Jahresringe entstehen während des Wachstums der Schildkröten. Aber es bildet sich nicht wirklich jedes Jahr ein Ring, sondern es können auch mehrere sein.

Abgabe der Jungtiere

Bei geschützten Arten werden Sie kaum Schwierigkeiten haben, diese an Interessenten weiterzugeben. Sie finden z.B. im Anzeigen-Journal der DGHT immer wieder Schildkröten-Liebhaber, die bestimmte Arten suchen. Seien Sie kritisch, an wen Sie ihre Nachzuchten weitergeben und versuchen Sie vorher herauszufinden, wie es mit dem Fachwissen des Interessenten bestellt ist. Halten Sie vielleicht ein Informationsblatt bereit, auf dem Sie die wichtigsten Daten der bisherigen

Pflege festhalten, wie z.B. Wasser- und Lufttemperaturen, Beleuchtungsdauer, Futterarten und Fütterungszeiten, Wasserwechsel usw.

Es gibt unter den Wasserschildkröten auch einige Arten, z.B. bestimmte Höcker-, Zier- und Schmuckschildkröten, die man für wenig Geld in fast allen Zoogeschäften angeboten bekommt. Denken Sie daran, dass sehr viele ihrem Pfleger mit zunehmender Größe lästig werden und sie dann oft einfach in der Natur, an einem Teich o. Ä. ausgesetzt werden. Dies ist zum einen verboten (Faunenverfälschung), zum anderen auch Tierquälerei, da diese ausgesetzten Schildkröten vor allem im Winter oft keine Überlebenschance haben. Bei solchen „Allerweltsarten" muss sich der verantwortungsbewusste Halter fragen, ob es sinnvoll ist, die Eier jener Arten überhaupt auszubrüten.

Internationale Schutzbestimmungen

Am 3. März 1973 wurde in den USA das Washingtoner Artenschutzübereinkommen (WA) vereinbart und bei der UNO registriert. Es wird seitdem etwa alle zwei Jahre aktualisiert. In ihm sind jene Pflanzen und Tiere aufgelistet, deren Bestand gefährdet erscheint. Außerdem regelt das Übereinkommen den Handel mit ihnen. Dabei wurden die Arten nach ihrem Gefährdungsgrad in zwei Anhänge gefasst: Anhang I beinhaltet alle unmittelbar vom Aussterben bedrohte Arten. Nur in Ausnahmefällen wird der Handel damit zugelassen. Anhang II enthält alle Arten, die heute zwar noch nicht direkt vom Aussterben bedroht sind, jedoch durch einen unkontrollierten Handel in ihrer Existenz bedroht würden.

Schildkröten, die im Washingtoner Artenschutzübereinkommen aufgeführt sind, dürfen nur mit den notwendigen CITES- Bescheinigungen gehandelt werden.

Europäische Schutzbestimmungen

Für die Mitgliedsländer der Europäischen Gemeinschaft (EG) gilt darüber hinaus die EG-Verordnung 338/97. Sie regelt den Handel mit geschützten Arten innerhalb des EU-Binnenmarktes.

Das Deutsche Tierschutzgesetz

Auch die Haltung von Wasserschildkröten unterliegt den Bestimmungen des Deutschen Tierschutzgesetzes. In § 1 heißt es: „Niemand darf einem Tier ohne vernünftigen Grund Schmerzen, Leiden oder Schäden zufügen". Nach § 2 muss derjenige, der ein Tier hält, betreut oder zu betreuen hat, das Tier seiner Art und seinen Bedürfnissen entsprechend angemessen ernähren, pflegen und verhaltensgerecht unterbringen. Man darf die Möglichkeit des Tieres zu artgerechter Bewegung nicht so einschränken, dass ihm Schmerzen oder vergleichbare Leiden oder Schäden zugefügt werden.

Vorschriften für die Haltung

Um zukünftigen Haltern und den für die Kontrolle zuständigen Behörden Richtlinien zu geben, unter welchen Bedingungen Reptilien

Die Fransenschildkröte gehört zu den streng geschützten Arten.

zu halten sind, erarbeiteten 1997 Fachleute für das Bundesministerium für Ernährung, Landwirtschaft und Forsten ein „Gutachten über die Mindestanforderungen an die Haltung von Reptilien". Darin wird unter anderem auch angegeben, wie groß die jeweiligen Terrarien sein müssen, wenn man Echsen, Schlangen oder Schildkröten pflegen will. Einige Tierschutz-Organisationen verlangen seit Jahren die Einführung eines „Befähigten-Nachweises" Erst nach einer umfangreichen Prüfung soll zum Beispiel der zukünftige Schildkröten-Halter die Genehmigung zur Haltung bekommen. Bei dieser Prüfung müsste man nicht nur Fragen nach der artgerechten Unterbringung beantworten, sondern auch über die typische Lebensweise der Tierart, den natürlichen Lebensraum und Jahresrhythmus, und wie man diese Bedingungen in einem Terrarium schaffen kann. Dies würde vermutlich viele unüberlegte Spontankäufe verhindern!

IMPRESSUM

Bildnachweis
Farbfotos von:
Wally und Burkhard Kahl: (40: S. 4/5, 6/7, 8, 9, 12/13, 24 l., 25 r., 29 l., 36 r., 37 l., 43 l., 47, 48/49, 50/51, 52, 53, 54, 67, 72/73, 74, 75, 76, 78, 79, 80/81, 84/85, 86, 87, 90 l., 94, 95, 98/99, 102/103, 105, 109, 110, 113, 114/115, 116/117)
Hans Reinhard: (3: S. 71)
Alle weiteren Aufnahmen stammen von Manfred Rogner

Informationen senden wir Ihnen gerne zu

Bücher · Kalender · Spiele
Experimentierkästen · CDs · Videos

Natur · Garten & Zimmerpflanzen ·
Heimtiere · Pferde & Reiten ·
Astronomie · Angeln & Jagd ·
Eisenbahn & Nutzfahrzeuge ·
Kinder & Jugend

KOSMOS

Postfach 10 60 11
D-70049 Stuttgart
TELEFON +49 (0)711-2191-0
FAX +49 (0)711-2191-422
WEB www.kosmos.de
E-MAIL info@kosmos.de

Impressum
Umschlaggestaltung von eStudio Calamar unter Verwendung von vier Farbaufnahmen von Wally und Burkhard Kahl.

Mit 138 Farbfotos.

Bibliografische Information Der Deutschen Bibliothek

Die Deutsche Bibliothek verzeichnet diese Publikation in der Deutschen Nationalbibliografie; detaillierte bibliografische Daten sind im Internet über http://dnb.ddb.de abrufbar.

Gedruckt auf chlorfrei gebleichtem Papier

© 2003, Franckh-Kosmos Verlags-GmbH & Co., Stuttgart
Alle Rechte vorbehalten
ISBN 3-440-09512-6
Redaktion: Ben Boden, Michael Günther
Gestaltungskonzept: eStudio Calamar
Produktion: Kirsten Raue, Markus Schärtlein
Printed in Czech Republic / Imprimé en République tchèque

ZUM WEITERLESEN

BÜCHER

Bundesministerium für Ernährung, Landwirtschaft und Forsten (Hrsg.): Gutachten über die Mindestanforderungen an die Haltung von Reptilien (1997).

MEYER, M. (2001) : PraxisRatgeber Schildkrötenernährung. Edition Chimaira, Frankfurt.

JAROFKE, D. & J. LANGE (1993): Reptilien. Krankheiten und Haltung. Paul Parey-Verlag. (Tierärztliche Heimtierpraxis 3), Berlin & Hamburg.

ROGNER, M. (1995): Schildkröten 1. heiro-Verlag, Hürtgenwald.

ROGNER, M. (1996): Schildkröten 2. heiro-Verlag, Hürtgenwald.

ROGNER, M. (1999): Meine Schmuckschildkröten. Kosmos-Verlag, Stuttgart.

ROGNER, M. (2002): Terraristik. Kosmos-Verlag, Stuttgart.

RUDLOFF, H.-W. (1990): Vermehrung von Terrarientieren. Schildkröten. Urania-Verlag, Leipzig, Jena, Berlin.

ZEITSCHRIFTEN

elaphe - Neue Folge -Zeitschrift der Deutschen Gesellschaft für Herpetologie und Terrarienkunde (DGHT) e. V.- ISSN 0943-2485

herpetofauna, Zeitschrift für Amphibien- und Reptilienkunde, Postfach 1110, D-71365 Weinstadt. ISSN 0172-7761

RADIATA, Journal der DGHT-AG Schildkröten, ISSN 1615-5475.

Salamandra, Zeitschrift für Herpetologie und Terrarienkunde.- Hrsg.: Deutsche Gesellschaft für Herpetologie und Terrarienkunde e.V. Frankfurt a. M., ISSN 0036-3375

SAURIA, Hrsg.: Terrariengemeinschaft Berlin e.V., c/o: B. Buhle Planetenstr. 45, D-12057 Berlin, ISSN 0176-9391.

ADRESSEN

Vereine und Verbände

Deutsche Gesellschaft für Herpetologie und Terrarienkunde (DGHT) e.V. DGHT-Geschäftsstelle, Postfach 1421 Locher Straße 18 D-53351 Rheinbach (Briefpost) und D-53359 Rheinbach (Büroanschrift)

AG Schildkröten in der Deutschen Gesellschaft für Herpetologie und Terrarienkunde e.V. c/o: Thomas Vinke Dellerstr. 61 D-42781 Haan

Herpetologische terraristische Vereinigung Österreich (HTVÖ) c/o Erich Brabenetz. Portheimg. 1 RH 75 1220 A-Wien.

Österreichische Gesellschaft für Herpetologie c/o Naturhistorisches Museum, Burgring 7 A-1014 Wien.

SIGS , Schildkröteninteressengemeinschaft Schweiz, Info: Postfach 2 CH 8225 Siblingen (http://www.sigs.ch)

Untersuchungsstellen für Amphibien und Reptilien

Poliklinik für Vogel- und Reptilienkrankheiten Universität Leipzig An den Tierkliniken 17 D-04103 Leipzig

Tierklinik der Uni Halle Emil-Abderhalden-Str. 28 D-06108 Halle / Saale

Klinik und Poliklinik für kleine Haustiere Arbeitsgruppe für Heimtiere, exotische Tiere und Wildtiere Freie Universität Berlin Oertzenweg 19b D-14163 Berlin 37

Tierärztliche Hochschule Hannover Klinik für kleine Haustiere der Hochschule Bischofsholer Damm 15 D-30173 Hannover

Tierklinik an der medizinischen Fakultät der Universität München-Veterinärstr. 13 D-80539 München

Institut für Zoologie, Fischereibiologie und Fischkrankheiten der tierärztlichen Fakultät Uni München Kaulbachstr. 37 D-80539 München

Niedergelassene Fachtierärzte und –ärztinnen für Amphibien und Reptilien

Adressen von Fachtierärzten und -ärztinnen können Sie bei den jeweiligen Landestierärztekammern erfragen und sind im Internet auf der Homepage der DGHT und der HTVÖ abrufbar.

Bundestierärztekammer Oxfordstr. 10 D-53111 Bonn

INTERNET

www.dght.de

www.htvoe.net

www.reptilien.de

www.sigs.ch

Faszination
Terraristik

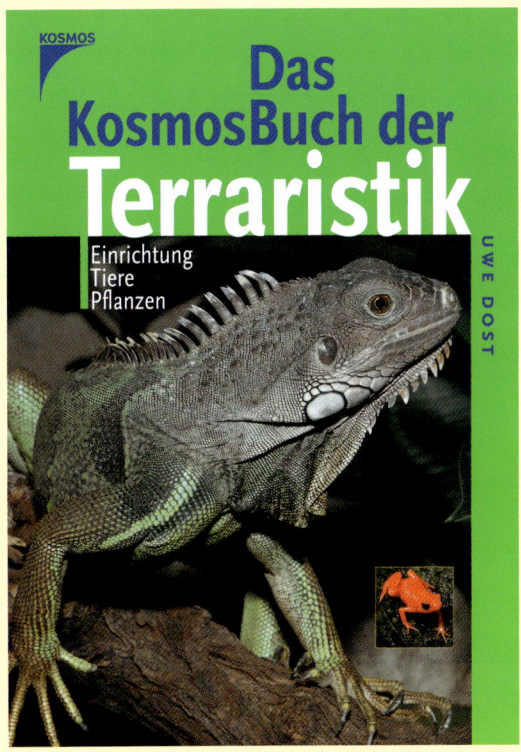

Uwe Dost
Das Kosmos-Buch der Terraristik
156 Seiten, 211 Farbfotos
€/D 12,95; €/A 13,40; sFr 22,70
ISBN 978-3-440-10129-2

■ Praxisnahes Wissen für Einsteiger
und Fortgeschrittene

■ Terrarientypen, Einrichtung, Technik
und Pflege

■ 150 Pflanzen und Tiere im Porträt

Preisänderung vorbehalten

www.kosmos.de

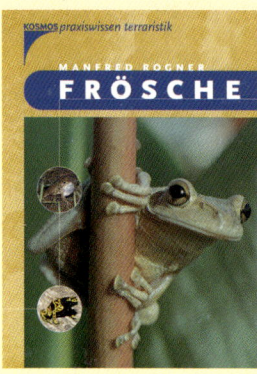
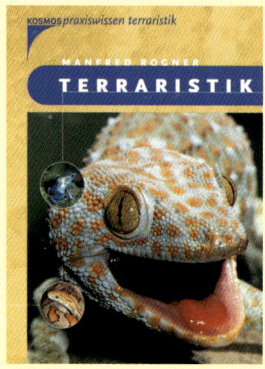

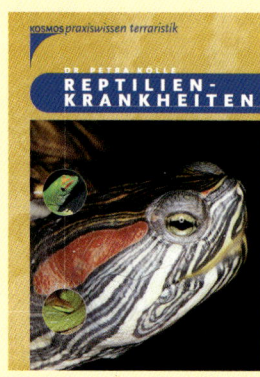